Sibylle Lewitscharoff
Warum Dante?

Mit Illustrationen und Collagen von
Sibylle Lewitscharoff

Insel Verlag

Insel-Bücherei Nr. 1503

Warum Dante?

Kaum erklingt der Name Dante, bin ich geneigt, in haltlose Jubeltöne auszubrechen. Heilandzack! ist noch das mindeste Wörtlein, das in diesem Zusammenhang in meinem Hirn rappelt – gemeint ist selbstverständlich nicht der Dichter Dante Alighieri als solcher, über den man auch nicht so viel weiß, dass man spontan ein traulich nachbarschaftliches Verhältnis zu ihm aufbauen könnte, gemeint ist sein hinreißendes Werk. Die Portraits, die von dem berühmten Mann überliefert sind, lassen an einen knochenharten, scharfkantigen Menschen denken. Seine *Divina Commedia*, ein überragendes Langgedicht, gespickt mit Allegorien, ein großartiges Werk der Vision und der Synthese spätmittelalterlichen Wissens, kann man, ohne zu zögern, der Weltbestenklasse zuordnen, worin sie unwidersprochen auch hingehört.

Wir übergehen jetzt, wie soeben jemand das Fingerchen gehoben hat, um uns ärgerlicherweise daran zu erinnern, dass unser ebenfalls sehr zu verehrender Großmeister Johann Wolfgang von Goethe die *Commedia* nicht verputzen konnte. Zack die Bohne!, dann schlagen wir doch gleich mal zurück: Da haben Sie sich gewaltig geirrt, Herr Goethe, und haben damit gezeigt, dass Sie in einer kleinwinzigen Abteilung Ihres Herzbeutels ein eifersüchtiger Grantler sind. Soso, Ihnen ist der Höllenteil der *Commedia* zu sadistisch? Tja, sadistisch muss es in ihr halt zugehen, sonst wär's eine veritable Hölle nun mal nicht! An der Hölle klebt die Siegelmarke der ewigen Verdammnis. Im Übrigen befinden wir uns mit Dante im 14. Jahrhundert, und da stand den Zeitgenossen das feurige, das siedende, das polternde, das leibzerstückelnde Krachfaxeltheater der geschundenen Körper noch ziemlich krass vor Augen. Und, Hand aufs Herz, das unvergleichliche Sprachtalent des Dichters hat trotz der teilweise bestialischen Strafen ein Werk von überragender klanglicher Schönheit geschaffen, welches bei einem gekonnten öffentlichen Vortrag seine Wirkung nicht verfehlt und sogar die Leibgräuel zugunsten der poetischen Wirkung ein wenig in Schach hält.

Aber Goethe war nicht der einzige berühmte Schriftsteller, der Dante verabscheute. Voltaire tat es ebenso. Andererseits gibt es eine ungleich längere Liste von Dichtern, die Dante verehrten und Anklänge an die *Commedia* in ihren eigenen Werken aufblitzen ließen. Einer der hartnäckigsten Verehrer war Samuel Beckett, der eine Figur aus Dantes Purgatorium in sein eigenes Werk überführt hat – den sympathischen Faulenzer Belacqua, der am Fuße des Läuterungsberges herumhockt, weil es ihm zu anstrengend ist, auf den Gipfel hochzusteigen. Nun ja, *Belacqua* bedeutet *Schönwasser*, und von dem ist nicht bekannt, dass es bergauf fließt. Da unten begegnen ihm Dante und Vergil und wundern sich über seinen mangelnden Eifer.

Etliche Jahrzehnte vor Beckett war Stefan George ein großer Bewunderer Dantes, er trieb den Kult um den Dichter auf die Spitze, ging sogar so weit, dass er bei einigen Lesungen mit den von ihm übersetzten Zeilen aus der *Commedia*

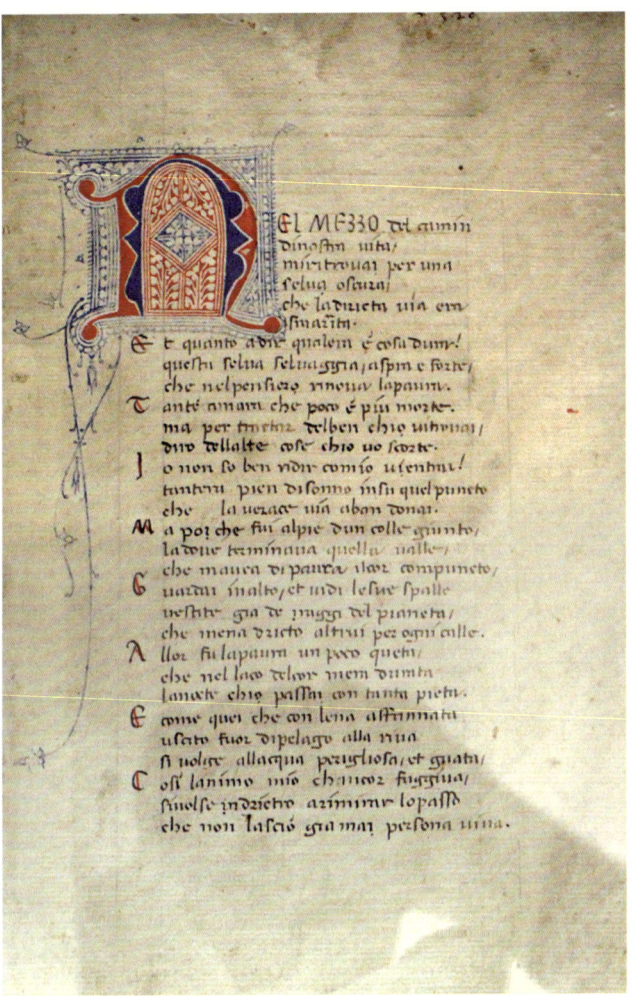

Abb. 1: *Erste Seite der* Göttlichen Komödie, *spätes 14. Jahrhundert*

als lorbeerbekränzter Dante-Darsteller auftrat. Allerdings hat George nur lückenhaft übersetzt. Seine Teilübersetzung ist sehr reduziert. Interessant daran ist, dass er insbesondere die drastischen Leibgräuel aus dem *Inferno* mied. Zu seiner Zeit konnten sich Homosexuelle sehr leicht Angriffen aussetzen, wenn sie sich in ihren Texten ausführlich körperlichen Spektakeln widmeten. Vielleicht hat ihn das davon abgehalten, eine Komplettübertragung der *Commedia* vorzunehmen.

George trug die Verse Dantes wie ein Priester in abgedunkelten Räumen vor, erleuchtet von einer einzigen Kerze, die auf seinem Tisch stand. Er verkostete die Verse wie ein dichterisches Ein-Mann-Abendmahl. So lächerlich uns derartige Aufführungen heute vorkommen mögen, man sollte zweierlei bedenken: Damals wurde bei fast allen Lesungen und Vorträgen ein ungleich theatralischerer Stil bevorzugt. Das mag für feine Gemüter bisweilen etwas übertrieben geklungen haben. Aber der Nüchternheitskult unserer Tage, der die meisten Dichterlesungen inzwischen beherrscht, wäre den damaligen Zuhörern wohl eher schrecklich in den Ohren gelegen.

Der gesamte Kreis um George gebärdete sich ziemlich danteverrückt. Rudolf Borchardt, der dieser sehr besonderen Männerrunde als hochmögendes Mitglied hatte beitreten wollen und davon überzeugt war, der einzig wahre Kenner der *Commedia* zu sein, erhielt von Stefan George eine Abfuhr, die in dem unbeherrschten Mann eine kochende Rachsucht erzeugte, welche sich in wilden, explosionsarti-

Abb. 2: Luca Signorelli: Dante Alighieri, Portrait aus dem Zyklus der illustren Menschen, 1499-1504

gen Beschimpfungen gegen die Homosexualität des Meisters und seines Kreises entlud. Mit seiner exzentrischen, im italienischen Exil verfassten Dante-Übersetzung hatte der überspannte Borchardt dann später wenig Glück. Sie fand nur wenige Leser. Ich finde das ungerecht, denn so abenteuernd dessen Übertragung sprachlich unterwegs sein mag, bisweilen sogar ein bissel am Rande des Irrsinns, irgendwie klingt sie klasse und hätte mehr Aufmerksamkeit verdient.

Der Nationalsozialismus trieb dann eine noch groteskere und wesentlich unangenehmere Dante-Blüte aus. Der Österreicher Josef Nadler, ein besessener Germanist, der dem modernen deutschen Geistesleben unentwegt mit dem Begriff »Fäule« zu Leibe rückte, erklärte wortreich, weshalb Dante fälschlicherweise als Italiener angesehen werde. Im Grunde sei er nach seiner Artung ein Deutscher gewesen. Überhaupt gehöre die *Commedia* ins »Dritte Reich«, weil man nur unter dessen historischen Vorgaben den Tiefsinn des Werkes ermessen, will heißen, die echte Wahrheitsschürfung des großen Poems in Angriff nehmen könne. Dümmer hat wohl noch nie ein Kommentator über die *Commedia* geschrieben. Da halte ich es denn doch lieber mit dem erzgescheiten und ein bissel verrückten Rudolf Borchardt, dem ein so scheußlich depperter Schmarren nie in den Sinn gekommen wäre.

Eine außerordentliche Wirkung hat Dantes *Commedia* während der russischen Verfolgung unter Stalin erfahren, aber auch in den deutschen Konzentrationslagern und in einigen Kriegsgefangenenlagern der deutschen Wehrmacht in Italien. Wofern sie gebildet waren und die *Commedia* in glücklichen Tagen hatten kennenlernen dürfen, kamen einige der Inhaftierten in ihrer entsetzlichen Not auf sie zurück. Sie fanden in Dantes Großgedicht den einzigen Vergleichsstoff zu ihrem eigenen mörderischen Schicksal. Ossip Mandelstam war ein begnadeter Dante-Kenner, der die *Commedia* im Original lesen konnte und in größter Verzweiflung herzergreifend darüber schrieb. Es zeugt von Hingabe, begleitet von außerordentlicher Geistesschönheit, wenn ein erstklassiger Dichter aus unserer modernen Zeit sich mit solcher Intensität einem Poem aus einem sehr viel früheren Jahrhundert zuwendet.

Primo Levis Notate, Dante betreffend, sind in Italien bekannt. Auch er kam in höchster Not, als Gefangener im Konzentrationslager Auschwitz, immer wieder auf die *Commedia* zurück, weil die Hölle, in die er verfrachtet worden war, nur in diesem einen literarischen Beispiel vorgezeichnet war. Kurios wirken einige Aufzeichnungen aus den deutschen Kriegsgefangenenlagern in Italien. So mancher Professor hielt dort bei gut Wetter nach freier Rezitation von Dante-Versen regelrechte Colloquien für seine Mitgefangenen ab. Natürlich kam dabei hauptsächlich das *Inferno* zur Sprache. Die schwer leidenden Menschen sahen sich selbst schuldlos in die Hölle versetzt und widmeten sich einem Text, der von extremen körperlichen Zumutungen handelt – ein einzigartiger Vorgang in der Geschichte der Literatur.

Auch für Peter Weiss spielte Dante eine große Rolle, allerdings eine andere. Seine Verzweiflung über die Gräueltaten der Nationalsozialisten kam in Theaterstücken zum Ausdruck, die immer wieder Anleihen bei der *Commedia* aufweisen. Allerdings konnte das nur unter dem Segel einer scharfen Missinterpretation geschehen. Denn man sollte nicht vergessen: Die Nationalsozialisten mordeten und quälten unschuldige Menschen aufgrund ihres Rassenwahns. In Dantes Inferno werden nach Maßgabe der damaligen historischen Zeit jedoch nur Menschen bestraft, die schwere Verbrechen begangen hatten. Das ist ein Unterschied ums Ganze. Ob nun missinterpretiert oder sorgfältig und mit Liebe gedeutet: Die *Commedia* geistert wie kaum ein anderes Werk aus so früher Zeit mit geblähtem Bedeutungssegel in unserer modernen Welt herum.

Halten wir zunächst noch fest, dass die *Komödie* ursprünglich gar nicht sonderlich göttlich war – das Adjektiv »göttlich« wurde dem Poem von Giovanni Boccaccio Mitte des 14. Jahrhunderts zusätzlich verliehen und gehörte erst zweihundert Jahre nach Erscheinen des Werks zum durchgängig genannten Titel. An einem Karfreitagmorgen des Jahres 1300 lässt Dante seine *Commedia* beginnen. Kurioserweise fällt sie damit in den Beginn eines Heiligen Jahres, des ersten, das von einem Papst ausgerufen wurde. Das Werk besteht aus einer Vielzahl von Versen, es sind sage und schreibe 14 233, wahrlich eine stattliche Zahl. Natürlich hatte Dante Vorläufer, als er sein Poem ins Auge fasste, einige Dichter und Theologen waren ihm voraus, teilweise wird er deren Schriften gekannt haben. Ins Jenseits hatten sich schon einige Kollegen in grauer Vorzeit aufgemacht, etwa im Buch *Henoch,* das neben dem sanktionierten Bibeltext als apokrypher Text existiert. Allerdings gebührt Dante diesen Jenseitsreisenden gegenüber das Verdienst, eine ziemlich exakte Geographie der Hölle im Erdinneren beschrieben zu haben – in oben weit geöffneter Trichterform, die sich nach unten zuspitzt. Im Grunde ist die Hölle wie ein rundes Riesenmaul beschaffen, das sich dem Schlund zu verengt. Man kann sich das vorstellen wie die Hohlform einer auf den Kopf gestellten Tortenschichtung. Je tiefer es durch acht terrassierte konzentrische Kreise hinabgeht, je enger der Umlauf wird, desto verworfener haben die Sünder gehandelt, die darin gefangen sind. Und wo es zum Allerbösesten kommt, an der verengten Spitze des ausgehöhlten Kreisels, ganz, ganz unten, steckt der gefallene Engel Luzifer mit mächtigen Beinen im Eismeer fest, und hier beginnt in einem schmalen Durchgang die Umkehr zum Guten.

Was ein Mensch je war, wofür er sich entschieden und was er unterlassen hat, tritt erst im Jenseits mit voller Präsenz in Erscheinung, und dies kommt zum Ausdruck in der Strafe oder in der Glückszufuhr, die ihm beschieden ist. Obwohl der Tote nurmehr Seele ist, ist seine eigentliche Substanz im Sinne der Geistigkeit und des Charakters, mitunter auch in Verbindung mit seiner im Imaginären deutlich vibrierenden Leibbeschaffenheit, überaus präsent, als würde der Körper zum ersten Mal ins grelle Licht der Wahrheit treten.

Nun aber kommen Sie ins Spiel, um zu entscheiden, wie

göttlich die *Commedia* in ihren Ohren klingt. Wahrscheinlich sind Sie ein Lesefex, der eine komplexe Lektüre nicht scheut. Sollten Sie Dante Alighieris Meisterwerk noch nicht kennen, rate ich Ihnen unbedingt dazu, sich diesem einzigartigen Langgedicht zu widmen. Vielleicht sind Sie im Italienischen nicht so gut zuhause, dass Sie das Buch schlankweg im Original lesen könnten (mea culpa, wenn ich mich hierin irren sollte). Falls dem jedoch so sein sollte, dann besorgen Sie sich bitte die Übersetzung von »Philalethes«, König Johann von Sachsen, der Mitte des 19. Jahrhunderts eine fulminante deutsche Fassung geliefert hat, die bis heute Gültigkeit besitzt. Sie weicht allerdings in einer Hinsicht vom Original ab, denn sie bedient sich des metrischen Schemas des Blankverses. Das Original ist in Terzinen gehalten. In seinem Schloss in Dresden lud Johann zu den ersten Dante-Tagungen über die *Commedia* ein, und er versuchte, an Schriften aus der Dante-Zeit heranzukommen, um ein kleines Museum aufzubauen.

Im 20. Jahrhundert hagelte es dann weitere Übersetzungen. Berühmt ist die schon erwähnte Teilübertragung von Stefan George, gehüllt in ein samtenes Dunkeldeutsch – sie klingt hervorragend, wenn man bereit ist, einem Übersetzer von Gedichten größtmögliche Freiheit zuzugestehen, um ein fremdes Werk gekonnt in die eigene Sprache zu schmuggeln. Im Übersetzen der *Commedia* führt die deutsche Sprache die Weltrangliste an. Es gibt sage und schreibe über fünfzig Komplettübersetzungen und siebenundzwanzig Teilübersetzungen, darunter einige herausragende.

Abb. 3: Sandro Botticelli: Der Abgrund der Hölle, 1480-1490

Die hochinteressante, aber ziemlich irrwitzige Übersetzung Rudolf Borchardts besticht durch ein erfundenes Deutsch, das sich an provenzalischen Klängen orientiert, zugleich versuchte der Dichter Borchardt, den Vokalreigen des Italienischen ins Deutsche zu übertragen. Das Ergebnis klingt wunderbar, ist aber aufgrund der zahlreichen Wortneuschöpfungen recht eigenartig, vor allem muss man die *Commedia* kennen, um den Text wirklich zu verstehen. Borchardt lebte in den dreißiger Jahren in Oberitalien. Ihm gelang es, eine Audienz bei Mussolini in Rom zu erwirken, um dem Duce seine Übersetzung zu überreichen. Die Szene ist von hoher Komik. Zwar verehrte der Dichter den italienischen Diktator über die Maßen, Hitler jedoch keinesfalls. Auf ihn schrieb der das schärfste Schmähgedicht, das je in deutscher Sprache geschrieben wurde. Es handelt vom Dreck, von nichts als braunem »Scheißdreck«, mit dem er nach dem selbsternannten Führer wirft. Doch absurderweise imponierte ihm Mussolini. Als dieser die schwere Diktatorenfaust auf das vor ihm liegende Exemplar niedersenkte, war Borchardt davon überzeugt, der Duce habe ad hoc alles, aber auch wirklich alles begriffen, was in dem Buch stand (und das bei einer Übertragung, bei der selbst gebildete Deutsche sich schwer damit tun, in der Lektüre glücklich bis ans Ende zu gelangen). Dies ist eine der komischsten Anekdoten in der ellenlangen Geschichte der Literatur. Sie lehrt einen, wie selbst ein hochgebildeter Mensch sich so sehr in seiner Eitelkeit verfransen kann, dass er beim staunenden Publikum nur noch schallendes Gelächter erntet.

Das große Poem beginnt am Morgen des Karfreitags, und es endet am Donnerstag der Osterwoche. Zwei Tage und zwei Nächte geht es hinab in die Hölle, während vierer Tage und dreier Nächte befindet sich Dante immer weiter der Höhe zustrebend im Purgatorium, der Flug durchs himmlische Gefild benötigt dann nur einen Tag. Eingangs findet sich der Jenseitswanderer in einen finsteren Wald versetzt, von dem aus er dem Lichte zu nach oben strebt, aber er hat sich verfangen und findet den Weg versperrt. Drei gefährliche Tiere sind aufgetaucht, keine gewöhnlichen Raubtiere, sondern mythisch aufgeladene und in ihrer Gefährlichkeit gesteigerte Bestien: Leopard, Löwe und Wölfin. Die Bestien stehen für alles, was Dante plagte und ihn letztlich zu einem dauerhaften Exil zwang: die Stadt Florenz unter der Herrschaft zweier verfeindeter Parteien, der »schwarzen« und der »weißen« Guelfen, die sich blutige Gefechte lieferten, das Königtum Frankreich und der Vatikan. 1300 erreichte der Streit seinen Höhepunkt. Dann schickte Papst Bonifaz VIII. den Kriegsherrn Karl von Valois nach Florenz, womit die »schwarzen« Guelfen an die Macht kamen. Dante befand sich zu diesem Zeitpunkt als Gesandter auf einer Reise nach Rom und wurde 1302 in Abwesenheit zu lebenslänglicher Verbannung verurteilt, verbunden mit der Drohung, im Falle einer Wiederkehr mit dem Feuertod bestraft zu werden. Damit begannen die langen Jahre seines Exils, die erst mit seinem Tod 1321 in Ravenna endeten.

Zurück zum oben bereits genannten Bestiarium des Lasters – der Wollust, des Stolzes und der Habgier. Die Sze-

Abb. 4: Erste Seite des Inferno

Abb. 5: Dante an der Schwelle der Hölle, wo er den drei Bestien und Vergil begegnet

Abb. 6: William Blake: Dante flieht vor den drei Ungeheuern, 1824-1827

Abb. 7: Markus Vallazza: Inferno, Canto 1, 1995/96

nerie ist unheimlich, als würden sich Diesseits und Jenseits ineinander verfitzen, damit werden wir bereits mit einer gefährlich unruhigen Welt bekannt. Mit seinem Nahen zum Eingang der Höhle, in der die Totengestalt des Vergil als Seelenführer bereitsteht, wird Dante vor den Raubtieren gerettet und dabei für einige Zeit dem irdischen Dasein entrückt.

Was nun beginnt, ist kein alltäglicher Spaziergang, sondern der Gang durch ein Panoptikum, um angesichts der Wandelgeschöpflichkeit nach dem Tod den Sinn des Lebens zu erkunden. Der Tod ist ein Wahrheitsbringer der radikalen Art. Hinauf, hinab und wieder hinauf, das ist die Bewegung, die Dante auf seiner großen Reise vollzieht. Zuerst der bewaldete Berg im Diesseits, dessen Gipfel im sonnengetränkten Licht erglänzt, ja fast verheißungsvoll erglüht, dann mit dem toten Vergil hinab bis zum gefrorenen Mittelpunkt der Erde, an dem Luzifer im Eismeer feststeckt, von da in einer Kehre wieder empor bis zur Spitze des Läuterungsberges und von dort aus per Leibflug zu den himmlischen Stationen.

Hierzu ein Zitat von Romano Guardini: »Landschaften, Personen, symbolische Gestalten, Vorgänge befinden sich in einem anderen Aggregatzustande als auf Erden. Wohl sind sie dicht und scharf konturiert, wie es Dantes Vorstellungsweise eigen ist; aber in einem anderen Zustande, schwingend, strömend, verwandlungsfähig, durchlässig in den Fluß eines Gesamtlebens, für den Zusammenhang eines tiefen, nicht direkt nennbaren Sinnes.«[1] Das trifft die merkwürdige Anschaulichkeit der *Commedia* sehr gut, mal wirkt die Szenerie gestochen scharf, dann wieder scheint sich alles um die Figuren her ein wenig zu bewölken. Die Wanderung Dantes ist natürlich von hoher Symbolkraft, alle vier der berühmten Sinnformen kommen hier zusammen: der wörtliche Sinn, der allegorische Sinn, der moralische Sinn und der anagogische Sinn. Der erste steht für die zuhandene Realität, der zweite bindet die gesellschaftlichen Gegebenheiten mit ein, der moralische Sinn befasst sich mit den Fragen der Ethik, der anagogische Sinn weist über die Realität hinaus, um sich mit Spiritualität zu füllen.

Hier nun einige Proben der Übersetzer Philaletes, Stefan George und Rudolf Borchardt, Georg van Poppel, Friedrich Freiherr von Falkenhausen und Hermann A. Prietze zum Vergleich. Die Stelle stammt aus dem dritten Gesang der *Hölle* (22-30), in dem die Wanderer Vergil und Dante das große Tor durchschreiten und die ersten Eindrücke von der schauerlichen Unterwelt empfangen. Allerdings werden hier noch nicht die Bösesten der Bösen inspiziert, sondern lauter So-lala-Figuren, die vielleicht nicht ganz und gar verworfen, aber auch keinesfalls dem Guten zugeneigt waren. Sie haben nicht die empörerhafte Insistenz der wirklich Bösen, in ihrer Lauheit sind sie einfach nur verächtlich.

Die Landschaft ist ins Dunkel getaucht, ein fahler Lichtschimmer liegt auf dem Strom der Unterwelt, der nichts Gutes verheißt, und es gibt Gewittereinschläge, wo sich das Unheimliche so richtig krachend seine Bühne schafft. Die zusammengescheuchten, angsterfüllten Seelen werden in

Gruppen über den düsteren Fluss, den Acheron, geführt. Das Höllentor ist weit geöffnet, um die Vielzahl der Seelen zu empfangen, später, im Purgatorium, ist das Tor erheblich kleiner, was nicht weiter wundernimmt, da nur wenige Seelen in den Genuss kommen, einer Reinigung zugeführt zu werden.

Man erinnere sich: Die Hölle wurde nicht zuerst, sondern nach dem Himmel geschaffen, und zwar nach dem Sturz des mächtigen Engels Luzifer; sie ist der spätere Konterpart zur freiheitlichen Himmelssphäre. Bekanntermaßen steht über ihrem Eingang ein düsterer Spruch, der die Ankommenden auf das Entsetzliche einstimmt: *Lasciate ogni speranza, voi ch'entrate. – Lasst, die ihr eingeht, alle Hoffnung fahren!*

Philaletes:
>Geseufz' und Weinen hier und dumpfes Heulen
>>Ertönten durch den sternenlosen Luftkreis,
>>So daß im Anfang drob ich weinen mußte.
>Gemisch von Sprachen, grauenvolle Reden,
>>Des Schmerzes Worte und des Zornes Laute,
>>Und Stimmen tief und rauh, mit Händeklopfen,
>Erregten ein Getümmel hier, das immer,
>>In diesen endlos schwarzen Lüften kreiset,
>>Dem Sande gleich, wenn Wirbelwinde wehen.

Stefan George:
    Dort in der sternenlosen luft erklangen
      Seufzer und schluchzen und ein laut gestöhne
      Worüber ich mit weinen angefangen.
    Seltsame sprachen · fürchterliche töne ·
      Worte der qual · geschrei des zornes · volle
      Und dumpfe stimmen · dazu handgedröhne:
    Sie machten ein getöse als ob rolle
      In ewig dicker luft ununterbrochen
      Das von den fröschen in des sturmes grolle.

Georg van Poppel:
    Hier hallte Wimmern, lautes Weheklagen
      Durch sternenlose Lüfte und Gestöhne,
      Daß ich beim Anfang weinen mußt vor Zagen.
    Gemisch von Sprachen, fürchterliche Töne,
      In Zorn ausbrechend und in Qualen flehend,
      Geächze und Gekreisch und Handgedröhne
    Verführten ein Getöse, endlos drehend
      Im Kreis durch nie erhellte Luft geschwungen,
      Wie Tromben Sand im Wirbelwinde wehend.

Rudolf Borchardt:
    Ächzen allda, wehklage und helles greinen
      ergelleten durch die lufte sonder stern
      also, dass ich erst wieder musste weinen:
    Vermengung aller zungen, greulich blärrn,
      schmerzlicher worte gnung, hirnschellig rasen,

heischers und lauts, klappe als obs hände wärn,
　　Schufen da aufruhr, der in jenem wrasen
　　　ewiger schwärze ist ewig umgeschwungen,
　　　gleichwie der sand ist, da die wirbel blasen.

Friedrich Freiherr von Falkenhausen:
　　Dort hallten Seufzer, Weh- und Schreckenslaute
　　　Schrill durch die Lüfte, die kein Stern erhellt,
　　　Und weinen mußt' ich gleich, weil so mir graute.
　　Schreckliche Stimmen, Sprachen aller Welt,
　　　Wutschreie, Wehgeheul, bald dumpf, bald gellend,
　　　Dazu das Dröhnen, wenn ein Faustschlag fällt,
　　Ein Tosen gabs, das rings ohn Ende schwellend
　　　In dieser Lüfte Urnacht umgeschwungen,
　　　Als raste Windsbraut, Sand im Wirbel schnellend.

Hermann A. Prietze:
　　Da hört' ich Seufzer, Weinen, lautes Klagen
　　　Hervor aus tiefer sternenloser Nacht,
　　　Daß meine Augen feucht von Tränen wurden.
　　Verworrne Stimmen, schreckensvolle Laute,
　　　Bald schmerzerfüllt, bald voller Zornesgrimm,
　　　Bald schrill, bald heiser und mit Schall von Schlägen
　　Vermischt, erregten einen düstern Lärm,
　　　Der wirbelte durch ewig schwarze Nacht,
　　　Wie Sand, den eine Windsbraut mit sich führt.

Dies nur zur Illustration, wie verschieden die Übersetzungen ausfallen, Sie mögen bitte selber wählen, welche Ihnen am meisten behagt. Damit sind wir nun im dritten Gesang der Hölle gelandet. Hier erleben wir, wie Dante und Vergil einen Nachen besteigen, der vom Fährmann Charon gelenkt über den Totenfluss fährt. Am anderen Ufer steigen die beiden dann in die trichterförmige Hölle hinab. Die Sünder, die nach der Tiefe zu immer schwerer bestraft werden, können in aller Regel gar nichts anderes im Sinn haben, als ihre Verbrechen wieder und wieder zu begehen, wofür sie unablässig gezüchtigt werden, indem die Strafen im Grunde pfeilgenau auf die jeweiligen Vergehen antworten. Zornige Leute müssen ewig miteinander raufen, Mörder baden in kochendem Blut, weil sie das Blut ihrer Mitmenschen vergossen haben.

Schier unendlich oft hat die *Commedia* eigenwillige Nachbearbeitungen erfahren, außerdem segeln viele Roman- und Filmstoffe unter ihrem Geleitschutz. Offensichtlich vermögen die Gräuel der Hölle noch immer zu schockieren, ihr Straftheater ist von ausgeklügelter Grausamkeit und wird an toten Scheinleibern verübt, doch deren sichtbare Leibkomposite, ihre Schatten, verspüren die Qualen genau so heftig wie habhafte Körper aus Fleisch und Blut, sogar eher stärker. Und irgendwo müssen sich die in unendlicher Dauer wesenden Scheingebilde, diese merkwürdig seienden und zugleich nichtseienden Körper ja aufhalten, von denen die meisten fühlen, sehen, hören und sprechen können wie zu ihren Lebzeiten. Der Schweizer Astrophysiker Bruno

Binggeli, der ein berauschend gutes Buch über Dantes *Commedia* geschrieben hat, vermerkt bezüglich deren Aufbewahrung: »Orte, die dafür prinzipiell in Frage kamen, sind das Innere der Erde, die (früher unbekannte) Rückseite der Erde und die Himmelsregion. Diese Orte entsprechen gerade den drei Jenseitsreichen Dantes, es sind dies: die Hölle für die verdammten Seelen, der Läuterungsberg für die geretteten, aber noch reinigungsbedürftigen Seelen und das himmlische Paradies für die Seligen.«[2]

Die Toten werden sichtbar in scheinkörperlicher Form, nicht als Winzlinge oder Riesen, sondern in ihrer ursprünglichen Verfassung und Größe. Anscheinend hat die Seele es vermocht, die Formkraft des Körpers wiederherzustellen. Und dieser verbliebene Körper wird in der Hölle größtenteils entsetzlich gequält. An Haken aufgehängt sein, ständig Wasser saufen müssen, in einen blutführenden Fluss untergetaucht oder von Windfurien gejagt, unablässig ertränkt und mit allen möglichen Folterwerkzeugen gepeinigt werden, ständig fressen müssen, sich sogar gegenseitig aufzufressen, ohne satt zu werden, gezwungen sein, in engem Geklüft herumzusteigen, von Schlangen umwickelt und schier erdrosselt werden, von einem buntscheckigen Drachen bewacht werden, in Särgen eingesperrt sein und heulen müssen, zerhauen werden vom Kinn bis zum Anus wie Mohammed (gepeinigt als ein Spalter des Glaubens), mit vereisten Augenhöhlen auf dem Rücken eines Eispanzers liegen, unendliche Feuerqualen erdulden müssen, weil der seltsame seiend-nichtseiende Körper die Schmerzen zwar

Abb. 8: William-Adolphe Bouguereau: Dante und Vergil in der Hölle, 1850

spürt, er aber vom Feuer nicht aufgezehrt werden kann – solcherart sind die grausamen Schicksale der scheinleiblich zuhandenen Höllenbewohner beschaffen.

Weil Dante sein fulminantes dichterisches Können aufbietet, um uns die Hölle möglichst grell, möglichst finster, möglichst abscheulich vor Augen und Ohren zu führen, so dass die darin Eingesperrten sich krass und verzweifelt in unserem Gedächtnis festsetzen, bietet gerade sie einen immensen Lesegenuss, durchaus auch für Leser, die nicht sonderlich sadistisch gepolt sind. Die Verse sind einfach zu schön, ihr Vokalreigen bezaubert, und damit wird das fulminante Bosheitstheater hinterrücks konterkariert.

Eine Ausnahme von den Strafexzessen erfahren die Scheinkörper der edelmütigen antiken Heiden, die von Jesus Christus noch nichts wissen konnten. Sie werden zwar nicht gequält, aber sie verharren in einer speziellen Abteilung der Hölle, auf einem trüb verhangenen Vorfeld der eigentlichen Qualkreise, auf dem es allerdings gelinde zugeht. In ihrer Schattenwelt erleiden sie keine Strafen, doch der hoffnungslose Ort bietet auch keine jauchzenden Freuden. Sie teilen ihn mit den früh verstorbenen und noch nicht getauften, dem Christentum aber zugedachten Kindern.

Mit unseren zeitgenössischen Worten ausgedrückt, könnte man von den Seelen dort behaupten, dass sie in einer freudlosen Dauerdepression verharren, ohne leiblich gezwackt, gebissen oder angebrannt zu werden. In diese Abteilung der Vorhölle gehört auch der berühmte Heide Vergil. Von ihm nahm Dante an, sein Geist sei zu Lebzeiten bereits von vielen Vorahnungen bezüglich des herannahenden Christentums geprägt gewesen, weshalb ihm nun die herausragende Rolle zukommen kann, dem Christen Dante als Unterweltsführer zu dienen.

Dante wandelt in der Hölle als Einziger mit seinem schattenwerfenden Körper einher, womit angezeigt wird: Er ist noch am Leben. Im Übrigen hing er als Dichter der Idee an, Seele und Leib eines Menschen gehörten zusammen und deshalb drücke sich sein seelisches Vermögen auch in der Körperhaltung aus. Bei einem gut gearteten Menschen ist der gesamte Habitus lieblich und schön, Gestik und Mienenspiel unterstreichen seine Benevolenz, bei einem schlechten Menschen sind Mienen und Gebärden oft verzerrt, weil er sie nicht beherrschen kann, oder der Ausdruck ist kalt, starr und böse. Wer in die Hölle geworfen wurde, dessen Charakter kommt unverhohlener zum Ausdruck als zu seinen Lebzeiten. Früher mag es dem Menschen bisweilen gelungen sein, sich zu verstellen und den Anschein des Guten oder wenigstens Respektablen zu erwecken, in der Hölle gelingt dies nicht mehr.

Allerdings gibt es zwei bedeutende Ausnahmen: der frühere Lehrer Dantes, Brunetto Latini, der im 15. Gesang des *Inferno* auftritt und ebenfalls ein Dichter war – er hat seinen Ernst und seine Souveränität in hohem Grade bewahrt, wirkt weder lächerlich noch verbissen noch verlogen. Doch sein Antlitz ist verbrannt, er wird in einem Zug von Sündern herumgescheucht, die sich auf einem in den Felsen gekerbten Weg unterhalb des Pfades von Dante und Vergil

*Abb. 9: Sandro Botticelli: Vergil und Dante im achten Kreis der Hölle;
Bestrafung der Kuppler und Verführer, der Schmeichler und Huren,
ca. 1481-1488*

Abb 10: Gustav Doré: Phlegyas bringt Dante und Vergil über den Styx, 1885

befinden (was indirekt einer Erhöhung Dantes und einer Erniedrigung seines ehemaligen Lehrers gleichkommt). Aus heutiger Sicht versteht man schwerlich, weshalb ausgerechnet dieser Mann, von dem die *Commedia* keine wirklichen Verbrechen zu berichten weiß, in der Hölle umhergescheucht wird. Vielleicht war er zu sorglos und zu freiheitlich gesinnt und hat dabei auf lockeren Lebenswegen das Studium der Bibel missachtet. Nun ist er dazu verdammt, in diesem Gesang mit einem Rudel Sünder zusammengeworfen zu sein, Sünder, die mit zugekniffenen Augen vorbeihuschen, geradeso wie Schneider, die bei ihrem feinen Nadelwerk die Augen zukneifen müssen.

Um den adligen Kriegsherrn Guido da Montefeltro wiederum, einen Ratgeber, der mit falscher Zunge gesprochen haben soll, rankt im ersten Teil der *Commedia* ein veritabler Streit. Da Montefeltro sitzt im achten Kreis der Hölle und brennt dort inmitten einer ewigen Flamme. Der vielleicht etwas zu gütige heilige Franziskus hatte den Condottiere, einen ehemaligen Anführer der kaiserlichen Ghibellinen, huckepack, in beiderseitig aneinanderhängendem Leibflug, in die höhere Sphäre des Purgatoriums überführen wollen. Doch da trat ein Teufel energisch dazwischen, der den alten Haudegen für sein Reich beanspruchte und ihn auch bekam.

Kurios daran ist, dass die Fürsprache des heiligen Franziskus offenbar weniger galt als die Schmährede eines Teufels. Doch wenn wir auch in diesem Falle der höheren, verborgenen Weisheit Gottes den obersten Rang zugestehen wollen, so sitzt der Kriegsmensch wohl mit Recht in der Hölle, weil sein Gemüt und sein Wille sich zu wenig von Gott hatten lenken lassen. Sehr treffend schreibt Erich Auerbach zu den Worten, die nur mühsam aus dem gequälten Mund des ehemaligen Condottiere brechen: »In Flammen gehüllt nähert sich der ältere Montefeltro den beiden Wanderern (Inf. 27), unendlich langsam und mühselig bahnt sich die Sprache ihren Weg durch die summende Flamme, und voll Angst, jene möchten die Geduld ihn anzuhören verlieren, beginnt er damit sie zu beschwören, sie sollen bleiben und ihm dem Landsmann Rede stehen: bis endlich die Frage, auf die er zielt und die ihn die ganze Zeit erfüllt, wie ein Ausbruch seines ganzen körperlichen und geistigen Wesens an die schon aufs Aeußerste gespannten Hörer dringt: *dimmi se i Romagnuoli han pace o guerra?* Sag, hat Romagna Frieden oder Krieg? [...] Doch die besonderen Qualitäten des Schauplatzes, an dem die Frage gestellt wird, und hier insbesondere der Widerstand, den sie überwinden muß, um ans Licht zu dringen, erfüllen sie mit dem Gehalt an Sehnsucht und fiebernder Wißbegierde, die in dem Fragenden nach außen drängen.«[3]

Dass ausgerechnet ein stolzer ehemaliger Kriegsherr es dermaßen schwer hat, einen einfachen Satz zu formulieren, zeigt die körperlichen und seelischen Leiden an, denen die Inhaftierten ausgesetzt sind. In der Hölle schmoren die verschiedensten Sünder, einige sind von Adel, sogar Könige sind darunter, dann gibt es Zeitgenossen, die noch in Dantes Lebenswelt hineinragten, aber auch Figuren aus der griechischen und römischen Mythologie sind dort verhaftet.

Dante verstand viel davon, wie Menschen scheitern, wie sie sich in ihrer Bosheit verstricken, zu ihrem eigenen Unheil schon im Diesseits, nicht erst in der ausgeklügelten Strafinstitution Hölle, in der sie nach ihrem Ableben zur Vergeltung gepeinigt werden. Strafe dient eigentlich der moralischen Besserung, allerdings versagt diese bei den schweren Sündern. Gott hat sie aufgegeben und erlaubt seinem Widersacher Satan, dass er seine grausamen Spiele mit ihnen treibt.

Die Strafe kann nur bei minderschweren Sündern, die es ins Purgatorium verschlagen hat, einem guten, erzieherischen Zweck dienen. Dort bekommen die Fehlgeleiteten einen unerbittlichen Spiegel vorgehalten, in dem sie ihre Taten betrachten und zur Einkehr aufgerufen werden. Doch diese Einkehr ist ein angsterfüllter Prozess, der so manchen der geringeren Sünder in Bedrängnis bringt, zuweilen sogar in Angst und Schrecken setzt.

In der Hölle hingegen gibt es kein Pardon. Und weil sie wissen, dass es keine Gnade für sie geben kann, schreien viele der dort Gefangenen ihren bösen Unflat hemmungslos heraus, als müssten sie ihn unentwegt erbrechen. Oder sie sind gehemmt und verharren in ausdrucksloser Lethargie, bleiben strikt für sich, können kaum miteinander sprechen, erst recht nicht einander helfen, ihr barbarisches Schicksal besser zu ertragen. Das Böse hat die Gefangenen der Hölle für immer und ewig im Griff, sie stecken in einem Haufen

Dreck, an dem sie in der Erinnerung herumdoktern, ohne sich davon reinigen zu können. Salopp gesagt: Eine psychoanalytische Kur ist ihnen nicht vergönnt. Vor allem aber: Eine hilfreiche, grundehrliche Beichte wurde zu ihren Lebzeiten versäumt. Allerdings begegnet Dante selbst dort einigen wenigen Sündern mit Respekt, weil sie die sardonischen Strafen, denen sie ausgeliefert sind, stoisch ertragen.

Sich bemerklich zu machen, davon zu erfahren, ob sich in der Welt oben im Diesseits noch eine Spur ihres Lebens erhalten hat, davon sind etliche Höllenbewohner umgetrieben. Daher rührt auch ihr Drang, sich angesichts der Lebenden selbst zu erklären und über das eigene Schicksal zu lamentieren. Viele von ihnen kommen einem vor, als wären sie festgeklebt, als würden die immerselben Sätze in ihren Hirnen rumoren. Manchmal müssen sie gegen ihren Willen den Pilgern Dante und Vergil Rede und Antwort stehen. Sie hatten ja nur dieses eine Leben auf der Erde und dürfen auf keinen Seinszustand in einem schöneren, erhabeneren, freieren Seelenkomposit hoffen. Zugleich haben die in der Hölle Gefangenen die einmalige Chance, sich überhaupt mitzuteilen, was von den meisten geradezu fiebrig genutzt wird. Nur wenige bleiben verstockt und wortkarg in ihrer Bosheit gefangen.

Im Purgatorium zittern die Seelen ihren Strafen entgegen, die auch dort noch auf sie warten, doch die Hoffnung bleibt ihnen erhalten, weil für sie das Versprechen der himmlischen Erlösung bereits gilt. Von einem süßeren Pfeifchen angetrieben, kümmern sich die nach oben strebenden Seelen viel

*Abb. 11: Dante und Vergil im Wald der Selbstmörder, Anfang
15. Jahrhundert*

Abb. 12: William Blake: Die Teufel machen sich mit Dante und Vergil auf den Weg, 1824-1827

HELL
Canto 21

weniger um ihr altes Leben auf der Erde. Sie sind erfüllt von einer ruhelosen Sehnsucht und streben in die Höhe, mit geblähtem Sehnsuchtssegel gelangen sie immer höher den Läuterungsberg hinauf (natürlich mit Ausnahme des sympathischen Faulenzers Belacqua, der lieber erst mal hocken bleibt, wo er gerade gelandet ist).

Die wenigen Höllenbewohner, denen Dante freundlich und ehrerbietig begegnet, sind vom Guten nicht völlig verlassen. Zumindest haben sie ihre Würde bewahrt und sprechen eine schmuckreichere Sprache als die Wüteriche, die Betrüger, Mörder und Raufbolde. Gleich eingangs, im berühmten Canto 5 über die hochmögenden Ehebrecher Francesca und Paolo, kommt der Edelmut der berückenden Frauenseele so wortschön zum Ausdruck, dass Dante angesichts des harten Strafgerichts, das über die Liebenden verhängt ist, in Ohnmacht fällt. Francesca spricht so fein, ihre Rede geht noch heute jedem Leser oder Hörer der *Commedia* zu Herzen. Schließlich handelt es sich um eine verzweifelte Frau, die an einen grausamen Mann zwangsverheiratet worden war. Zwei Liebende, die einander äußerst zugetan waren, hatte ein böses Schicksal getrennt, und als sie einander die Verse eines berühmten Liebesromans der Troubadourzeit zuflüsterten, war es um sie geschehen. Die Tragödie der jungen Frau hat Romane und Opernlibretti inspiriert, selbst Goethe war nicht dagegen gefeit. Trotz seiner Abneigung in puncto Dante klingt in den *Leiden des jungen Werther* das Francesca-Motiv an, denn auch Werther wird durch eine Lektüre erotisiert, allerdings ist es bei ihm eine Übersetzung des *Ossian*, die seine Gefühle auftummelt.

Dass Dantes Verstand angesichts der zutiefst traurigen Geschichte ausgeknipst wird, ist ein geschickter Schachzug, denn im Gefolge seines Mitleids hätte in ihm die Empörung über die Härte des Gerichts keimen und zum Ausdruck kommen können. Um nicht zum Ankläger Gottes zu werden, fällt er in Ohnmacht. Es ist eben nicht leicht, mit der Gerechtigkeit Gottes konform zu gehen, das beweist diese Stelle. Aber sie zeigt auch, wie sich in Dante angesichts zweier fragiler Figuren ein gutes, mitfühlendes Herz regt (wie bei den meisten Lesern der Passage wohl auch), was dazu führt, dass die harte Gerichtsbarkeit der mittelalterlichen Ratio für den Moment ausgeschaltet wird.

Doch da drängen sogleich unliebsame Fragen heran: Sitzen wirklich alle Verdammten zu Recht in der Hölle? Könnte es schrecklicherweise sogar den Justizirrtum Gottes geben? Da der Verstand des Dichters gnädigerweise von einer Bewusstlosigkeit stillgelegt wird, muss an dieser äußerst heiklen Stelle aber nicht weiter nachgebohrt werden. Nachzutragen wäre nur, dass dieser Canto auch deshalb so berühmt ist, weil in ihm ein Sturmwind weht, von dem Paolo und Francesca beständig hin- und hergescheucht werden. Der Wind steht für die Macht des Eros, der die Liebenden zwingt, auf seinem Sturmsegel zu reiten. Nur für den kurzen Moment der Rede Francescas pausiert der Sturm, danach setzen die scharfen Windspiele in unverminderter Härte wieder ein. In einem übertragenen Sinn leibgenau antworten die Strafen auf die Taten der einstigen Frevler. Politik, Religion, zeitgenössisches Geschichts- und Naturwissen und nicht zuletzt ein subtiles Heilswissen, sie greifen ineinander.

»Wenn die Sklaven der Begierden im Sturmwind umhergetrieben werden, die Schwelger im kalten Regen am Boden kauern, die Zornigen im Sumpf sich streiten, die Selbstmörder in Sträucher verwandelt sind, welche eine hindurchjagende Meute zerreißt und bluten macht, wenn die Schmeichler im menschlichen Kot, die Verräter im ewigen Eise stecken – so sind diese mageren Beispiele aus Dantes Reichtum nicht beliebige Produkte einer schweifenden Phantasie, die Grauenvolles zu häufen sucht, sondern das Werk eines ernsten prüfenden Verstandes, der jeder Sünde das ihr Zukommende gewählt hat, und der aus dem Bewusstsein der Gerechtigkeit seiner Wahl, ihrer Konformität mit der göttlichen Ordnung, die Kraft schöpft seinen Worten und Bildern eine gewaltige, bewunderungswürdige Anschaulichkeit zu verleihen.«[4]

Im Zentrum der Angriffe des Exilierten steht dabei immer wieder das Papsttum, wie es durch Clemens V. (1305-1314) und Johannes XXII. (1316-1334) verkörpert wurde; Dante fühlte sich insbesondere durch Bonifaz VIII. (1294-1303) gereizt, der im Verdacht der Ketzerei stand und indirekt mit der Vertreibung des Dichters aus seiner Heimatstadt Florenz in Verbindung stand. Die Bedeutung des Papsttums als einer ebenbürtigen, notfalls auch korrigierenden Instanz zur Monarchie zweifelte Dante keineswegs an, ihn schockierte das verweltlichte Betragen einiger Päpste, die ihre Ämter zur persönlichen Bereicherung nutzten, anstatt die ihnen auferlegte herzinnige Armutspflege im Geiste Christi zu betreiben. Dabei störte er sich nicht an der den Päpsten in ihre Hände gegebenen Machtfülle, im Gegenteil, er prangerte an, dass sie diese missbrauchten, indem sie gegen ihre Pflicht verstießen, eine besitzlose und liebreiche Geistkirche und damit fünkchenweise etwas von der edlen Potenz der Wirkmacht Gottes auf Erden in ihren Taten zu verkörpern. Wem eine solche Machtfülle verliehen ist, gleichsam mit Brief und Siegel als Gottes Stellvertreter auf Erden zu wirken, dessen Schicksal ragt weit über das Schicksal gewöhnlicher Menschen hinaus. Einem Papst ist eine ganz besondere Verantwortung übertragen, für das Christentum zu bürgen und über es zu wachen. Versäumt er seine Pflicht, tritt er sie gar mit Füßen, kommt Unheil über die ganze Kirche, besonders aber über die hochgestellte Person selbst. Ein Papst agiert nicht als ein gewöhnlicher Sünder, verletzt er seine Amtspflichten, wiegt sein Vergehen schwerer, weil viele Gläubige davon betroffen werden. Hier gilt ein anderes Maß als bei einem armen Schlucker, der vielleicht aus Verzweiflung ein Verbrechen begeht. Die Würde des Amtes steht im Falle der Verfehlung in direktem Bezug zur Schwere der Strafe, die auf den Amtsinhaber wartet, sobald er die diesseitige Welt verlassen muss.

Die Päpste, die Dante hasste, waren keine Vorbilder für ihn, sie verschleuderten die kapitale Erbschaft des Christentums, das von der armen nackten Blöße des Menschen vor

Gott spricht, vor den er bar jeglicher weltlichen Bedeutung und Verkleidung hintreten muss, um seinen wahren Lohn zu empfangen, sei es im Himmelreich oder in der Hölle. Wenn das Christentum von oben, von seinen päpstlichen Köpfen her, verfault, ist großer Schaden angerichtet. Der Prunk der Päpste, der Dante in die Augen stach, stank zum Himmel. Die Bestrafungsenergie, die den Dichter bisweilen wie einen tollwütigen Hund befiel (man verzeihe mir diesen unpassenden Vergleich, denn seine wohlgesetzten Worte sind ein immenses Gegengewicht zur Rachsucht), sie ist enorm, und sie tobt sich so gut wie an jedem Leibfitzel eines Menschen aus, an dem sie durchexerziert werden muss.

Kommen wir nun darauf zu sprechen, dass Dante ein ausgemachter Zahlenfex war. In einer solchen Persönlichkeit steckt für gewöhnlich ein gewisses Maß an Zwanghaftigkeit. Schwerlich wird man jedoch im Zahlenfex eine hochgemute Person vermuten, die zugleich mit den nobelsten poetischen Wässerchen gewaschen ist. Wie Dante mit Zahlen umgeht, kann man aus ihrer Anordnung und den daraus folgenden mathematischen Möglichkeiten herauslesen. Die Zahlen trugen bei den Gebildeten zu seiner Zeit eine bedeutungsschwere Mitgift mit sich herum, die man als einen heimlichen Unterton des Ethischen bezeichnen könnte.

Drei! Drei! Drei! Drei Teile der *Commedia*, dreiunddreißig Gesänge pro Kapitel (mit Ausnahme des ersten, in dem ein Gesang mehr als eine Art weltliche Einführung in den gesamten Text untergebracht ist) und dann, erst recht, der Dreiklang der Terzinen! Dies zeigt, wie überaus geordnet es in der *Commedia* zugeht. Das Poem lässt sich weder scheuchen, noch mäandert es auf Irrwegen, denn das starre Gerüst der strikten Zahlenmystik hält seinen Aufbau zusammen. Dante war zwar kein knöcherner Apologet des Rechnens, dennoch ist die Zahl in der *Commedia* von allerhöchster Bedeutung. Die drei Teile des Poems, der Dreischritt der Terzinen, in denen es voranschreitet, sie befinden sich im Einklang mit der Dreifaltigkeit, gebildet aus Vater, Sohn und Heiligem Geist. Damit schmaust das Poem in seinen drei Abteilungen am Heilsgeschehen nach dem Tod.

Das Inferno im ersten Teil des Poems ist zugekapselt, denn aus ihm gibt es kein Entrinnen. Erst im Purgatorium verfügen die noch unerfahrenen, zitternden Leiber der Toten über eine bewegliche Schwungkraft, die so etwas wie einen möglichen Vorgeschmack auf die Glückseligkeit bietet, jedoch sind die Luftkörperlein noch sehr verängstigt – und ja, natürlich ist das Purgatorio auch eine Strafanstalt, allerdings geraten die noch nicht gereinigten Seelen dort in eine Zucht, die das Bangen und Hoffen auf einen vollumfänglich gereinigten Schwebezustand nicht abtötet. Und der Vorgang der Erleichterung, das Abnehmen der Sündenlast, ist mit Hilfe der Örtlichkeit wunderbar beschrieben, indem die Seelen einen großen Berg erklimmen müssen. Höher und höher geht es hinauf, Zug um Zug müssen zwar immer noch Strafen erlitten werden, aber nach jeder überstandenen Pein fühlt sich der Sünder freier und klettert von einer leichtfüßigen Hoffnung getrieben immer hurtiger nach oben. Und ebenda, am Gipfel des Riesenberges, befindet sich der Garten Eden.

Im Purgatorium geht es zwar deutlich weniger sadistisch zu als im Inferno, aber aus heutiger Sicht immer noch schlimm genug. Doch im Paradiso hebt ein ganz neuer geistiger und körperlicher Zustand an. Herrliche Melodien erklingen, ein reiner Gesang ertönt. Der Verstand der ehemaligen Sünder ist von bösen Schlacken gereinigt und darf nun eine überwältigende Freiheit genießen. Die Körper erfahren eine perfekte Leichtigkeit, einen herrlichen Schwung, weil sie von keinerlei zehrenden Gedankentumulten mehr in Beschlag genommen sind. Da beginnt ein Sehnen und Schweben; der Zustand der nahenden Glückseligkeit setzt in ihren Aufflugmanövern ungeheure Schwingungen frei. Einzelne Personen, die Dante im Paradiso trifft, sind überdies mit einer stupenden Weitsicht und Klugheit gesegnet. Ihre Geistigkeit ist angereichert mit göttlichem Wissen, die Vollkommenheit ihres neuen Seins fördert den Intellekt auf eine beseelte, erhabene und großzügige Weise.

Inmitten der Dreiteilung, die Dante ins Werk gesetzt hat, kommt eine neue Vorstellung zum Zuge, die das jenseitige Geschehen im Totenreich in die aktuelle Zeit rückt. Dante ist Dante, wie er leibt und lebt, als voll entwickelte Persönlichkeit mittleren Alters will er sich auf die Jenseitsreise begeben haben. Es müssen nicht erst Äonen vergehen, bis gerichtet wird, wichtige Vorentscheidungen scheinen schon

Abb. 13: Dante und Vergil vor der Darstellung des Kaisers Trajan und der Witwe auf dem von Gott erschaffenen Marmorrelief im Purgatorium, um 1480-1482

stattgefunden zu haben, während der Dichter unter der Fürsorge seines Seelenführers Vergil die unterirdische Wanderung beginnt.

Vielleicht kann man es als eine Art Vorgericht vor dem Ende der Welten bezeichnen, aber da bin ich mir unsicher. Ob eher vorläufig oder ganz und gar endgültig, eines ist gewiss: Dante hatte ein klares Verdikt, welche Sünder scharf und unwiderruflich abgeurteilt werden müssen, aber er wusste auch, welche weniger hart und zeitlich beschränkt im Jenseits einer Strafe unterzogen werden. Sowohl das Singen und Schweben der Geretteten in ihrer Himmelsseligkeit als auch die extremen Leibqualen der Verdammten, sie scheinen zunächst endgültig zu sein. Dynamik herrscht hauptsächlich im Purgatorio, worin die verängstigten, noch zitternden Seelen den Läuterungsberg erklimmen, um auf dessen Gipfel zu gelangen, von dem aus die luftige Drift in den himmlischen Gnadenkosmos beginnen kann.

Festzuhalten bleibt: Wo auch immer sich die Toten befinden, ihre Leiblichkeit verschwimmt nicht, sie ist weitgehend präsent. Die Gestalten wabern nicht herum, sie bleiben meist erkennbar in ihrer leiblichen Identität und natürlich in ihren Stimmen. Dante besaß das großartige Talent, Menschen in knapper Form so deutlich zu charakterisieren, dass sie sich sofort äußerst lebendig im Hirn des Lesers tummeln oder, andersherum, besonders starr und antriebsarm für ein Weilchen darin liegen bleiben. Die Leute emanieren kompakt aus den jeweiligen Hintergründen, Schwebebo-schwebibi-Effekte machen sie nicht sogleich zu Geisthauchen, die unter Mitteilungszwang stehen. Allerdings ist der Schwirrnis der Seelen im Paradiso eine besondere Duftigkeit beigegeben – leicht sind sie, wie sie da so herumsegeln oder kurzzeitig für eine Rede innehalten, befreit von Gehässigkeit und Larmoyanz. Jede Schwerlast, jedes Verbohrtsein ist von ihnen genommen. Ich habe mir ihr Schwirren nicht wie einen kreischenden Vogelzug vorgestellt, sondern wie einen stimmlich hochbegabten Schwarm, der formschöne Kurven fliegt und mitunter auseinanderdriften kann, um sich alsbald wieder in einer eleganten Flugformation zusammenzufinden.

Die Sündhaftigkeit scheint bei Dante mit einer leibgebundenen, wenn auch schattenhaften Schwere einherzugehen oder einer verruchten Abgezehrtheit, verbunden mit Starkhunger oder der Sucht, beständig Wasser saufen zu müssen. Schmerzen werden stärker erlitten als im Diesseits. Das ist kräftig geschildert, geradezu hingehauen, äußerst plastisch treten die Höllenbewohner in Erscheinung. Darüber vergessen wir leicht, dass sie nichts Habhaftes mehr an sich haben.

Je freier, je luftiger, je konsistenzloser, gereinigter, entzückter die Toten in ihren Gesängen zum Lobe Gottes erscheinen, je mehr ihre Leiber am Segen partizipieren, desto unbeschwerter werden sie in ihrer Beweglichkeit, die zwar den eigenen Wünschen zu entspringen scheint, aber zugleich von höherer Warte aus zu ihrer bestmöglichen Hut gelenkt wird. Im geglückten Falle leitet die schöne Seele das an, was ihr an luftgetragener Leibhaftigkeit geblieben ist. Sie flattert dem Schwankgebild des Leibes gleichsam voran. Diese überaus muntere Existenz strebt dem Vollkommenen zu, um im Paradiso den Zustand der glückseligen Absolutheit zu erreichen. »In der Überwelt sind auch die Engel und die Seligen beheimatet. Letztere plaziert Dante in einer Arena, welche die Form einer Rosenblüte besitzt, wo die Erlösten der reinen, ungetrübten Schau Gottes frönen dürfen. Der dreieine Gott selbst wird als gleißender Lichtpunkt versinnbildlicht, der von den neun bekannten Engelchören umkreist wird. Es ist ihr liebendes Streben zu Gott, das die Engel in Bewegung versetzt, und dieses überträgt sich schließlich auch auf die neun Himmelssphären und hält so die ganze Welt in Gang.«[5]

In der Hölle gibt es hingegen keine Freiheit, auch wenn Bewegung im Spiel ist. Da werden manche Seelen unablässig herumgetrieben und finden niemals Ruhe, manchmal sind sie aber auch in Starrheit gebunden, die ihrer bösen, holzschnittartigen Sturheit entspricht. In den allermeisten Fällen scheint die Gier des Leiblichen über die Seele zu herrschen und ihre Gestalt zu prägen. Das Sonderleibliche der Toten kann von einem Lebenden jedoch nicht berührt werden. Dem Jenseitspilger Dante ist es nicht vergönnt, einen geliebten Toten zu umarmen. Dessen Erscheinung, die täuschend echt wirkt, unterscheidet sich grundsätzlich vom Körper eines lebendigen Menschen. Man kann sich das so vorstellen, als griffe man durch das Gaukelbild eines Toten hindurch, wobei sich sein Schattenleib unverzüglich wieder zur Gänze zurechtkomponiert, zieht man die Hand

wieder zurück. Andererseits sind die Begegnungen Dantes mit seinem Begleiter Vergil und den Toten so plastisch geschildert, dass man das schwer zu präzisierende Immaterielle der toten Leiber während der Lektüre meistens vergisst.

Das Unglück brach endgültig über Dante Alighieri herein, als er am 27. Januar 1302 in seiner Heimatstadt Florenz in Abwesenheit wegen der Veruntreuung öffentlicher Gelder, als Unruhestifter wider den Papst und wegen Konspiration verurteilt wurde. Das waren schwere Vorwürfe. Da er beim Prozess nicht anwesend war, sich also nicht verteidigte, um die Anklage zu entkräften, und die Strafe der Verbannung und Geldbuße nicht anerkannte, fiel das Urteil mit sofortiger Wirkung hart aus: Flammentod auf dem Scheiterhaufen. Eine Verteidigung hätte ihm wohl kaum genützt, denn die Anklage war frei, aber darum desto unnachgiebiger erfunden, weshalb Dante gut daran tat, dauerhaft im Exil zu verbleiben. Ein späteres Angebot der Generalamnestie vom Mai 1315 gegen »Zahlung einer Geldbuße und öffentliche[n] Bußgang vom Gefängnis zur Taufkirche San Giovanni« schlug er aus: »Als ›Hausgenosse der Philosophie‹ könne er sich nicht leichtfertig zu einer solchen entehrenden Prozedur verstehen, die ihn in die Nähe von gemeinen Verbrechern rücken würde, und als ›Verkündiger der Gerechtigkeit‹ könne er nicht die Hand reichen zu einer so unbilligen Transaktion, dass er, dem Unrecht geschehen sei, denen, die ihm Unrecht zugefügt hätten, eine Entschädigung zahle.«[6] Man kann hier nebenbei erkennen, dass sich Dante nicht nur als Dichter sah, sondern auch als Philosoph.

Er war gewiss ein stolzer Mann, der sich nicht so leicht kleinkriegen ließ. Womöglich empfand er sich geradezu als ein Missionar des Himmels, dem deswegen eine schwere Bürde des Leides auferlegt war, die ihn zugleich über die Normalsterblichen erhob:

Philaletes:

> Sollt' ich's erleben, daß die heil'ge Dichtung,
>> Daran Hand angelegt hat Erd' und Himmel,
>> Und drob ich manches Jahr schon hager worden,
> Die Grausamkeit besiegte, die mich ausschließt
>> Von jener schönen Hürde, drin ein Lämmlein
>> Ich schlief, den Wölfen Feind, die sie bekriegen;
> Würd' ich mit anderm Ruf, mit anderm Vließe
>> Als Dichter heim dann kehren und am Borne,
>> Wo ich getaufet ward, den Kranz erhalten,
> Weil in dem Glauben, der mit Gott die Seele
>> Befreundet, ich dort eintrat und dann Petrus
>> Um seinetwillen mir die Stirn umkreiste.

> (*Das Paradies*, 25. Gesang, 1-12)

Eine steile Selbsteinschätzung gibt sich hier freimütig zu erkennen, denn wer kann sich schon sicher sein, was ihm nach seinem Ableben wirklich blüht? Kommen da womöglich verborgene Sünden zum Vorschein, die sich der Frevler partout nicht in Erinnerung rufen will? Dante bleibt eisern: Er ist der zu Unrecht Verklagte, dem die Einsamkeit zu einer neuen Behausung wird, ausgekleidet mit vielerlei Zeichen von Gottes Gnade und Huld, die über seinem lorbeerbekränzten Haupt waltet. Und welcher Dichter würde heutzutage, und zwar ohne die kleinste Beimischung von Ironie, sein Gedicht als »heilig« bezeichnen? Es mag in unseren Ohren überhöht klingen, aber ich nehme daran keinen Anstoß. Die *Commedia* ist tatsächlich ein so außerordentliches Werk, von Ehrgeiz und fulminantem Können bis in jede Silbe hinein getragen, gerade auch in puncto Himmels- und Erlösungserkundung, dass des Dichters Stolz auf seine Erzählung von Gottes Wesensschau weder lächerlich noch überspannt wirkt. Doch Stolz her oder hin, fern von seiner geliebten Heimatstadt führte der Dichter zwangsweise das raue Leben eines letztlich hilflosen Emigranten, der den Launen seiner Gastgeber ausgeliefert war. Da wird ihm das Wissen, ein wahrhaft großer Dichter zu sein, vielleicht dazu verholfen haben, es in Würde zu bestehen. Sein Exil dauerte neunzehn Jahre, bis er 1321 starb, ohne Florenz wiedergesehen zu haben.

Und vergessen wir nicht: Dantes Poem handelt nicht nur vom Abstieg zum Erdmittelpunkt, von einem Berghang aus, in der Nähe von Florenz, wo sich ein Höhleneingang befunden haben soll, vor dem der Dichter eingeschlafen war. Beim Erwachen tritt Vergil, noch ein wenig in den Höhlenumrissen geborgen, an Dante heran und fordert ihn dazu auf, ihn zu begleiten, um hochmögender Erkenntnisse willen, die er vom Leben nach dem Tod erhalten wird. Dem

Seelenführer Vergil traut Dante, weil er ihn für einen großartigen Dichterkollegen hält, doch es wird sich sehr viel später zeigen, dass dem edlen Heiden, der vom Christentum noch keine Kunde gehabt haben kann, der Zugang zur erlösenden Schau im himmlischen Gefild nicht gewährt werden kann. Was uns heute natürlich reichlich ungerecht vorkommt. Wie kann man einem Menschen das glückselige Schwirren und die jauchzende Gottesschau verwehren, wenn er als ehrenhafter Heide ein tadelloses Leben geführt hat? Ein Heide, der kein Christ sein konnte, weil Jesus zu seiner Lebzeit noch gar nicht geboren worden war? Natürlich wird der integre Vergil nicht gepeinigt, doch bleibt ihm das letztinnige, schönheitstrunkene Glück der vollkommenen Freiheit in der glanzvollen Hut Gottes versagt. Deshalb muss sich Vergil, auf dem Gipfel des Purgatoriumberges angelangt, von Dante trennen und Beatrice die Himmelsführung übernehmen. Dem Heiden ist der sich öffnende Raum des Paradiso versperrt, er wird in die Dämmerwelt des Limbus zurückbeordert – was Dante zu Tränen rührt, hatte ihm Vergil doch als ein vorbildlicher Führer durch zwei Welten zur Verfügung gestanden. Außer, dass er Jesus Christus noch nicht kennen konnte, haftet dessen Benehmen kein Makel an, und an diesem Versäumnis trägt Vergil keine Schuld. Doch es bleibt eine tragische Szene, denn die Welt des Limbus ist grau. Vergil kommt auch nicht mehr zu Wort, es ist ein trauriger Abschied ohne Sang und Klang. Der alleingelassene Dante muss nun ohne aufmunternde Worte durch einen Feuerwall gehen, um auf der anderen Seite seiner liebreichen Beatrice wiederzubegegnen.

Beatrice ist eine wichtige Figur der *Commedia*, obwohl sie selbst nur wenig, und zwar im *Paradiso*, in Erscheinung tritt. Aber ihre Fürsorge waltet über der gesamten Pilgerschaft des Jenseitswanderers. Dante hat in ihr eine sehr frühe Liebe an der Schwelle zum Erwachsenenalter verewigt. Die wirkliche Beatrice war seine angehimmelte Jugendliebe, die später einen anderen Mann heiratete und in jungen Jahren verstarb. Sie vereint vieles zugleich, sie ist eine ideale weibliche Figur von großer Schönheit, ist religiös, klug, gutherzig, milde, vor allem eine noble Wächterin, die über der Wanderschaft Dantes gleichsam schwebend ihre behütenden Flügel breitet und ihm bei der Wiederbegegnung im Paradies zu gereiften Erkenntnissen verhilft. Diese erneute Begegnung kann aber nicht zu einer erfüllten Liebe im weltlichen Sinn heranreifen. Beatrice ist dafür viel zu sehr allem normalmenschlichen Getreibe enthoben (vergessen wir nicht, sie ist ja auch tot), während der Pilger Dante trotz der neuen Schau, die ihm zuteilwird, erdverhaftet und damit beschränkt bleibt. Zu einer feurigen Beziehung kann es also nicht kommen. Doch die Frau ist unfassbar schön, und das liebende Lächeln, das sie Dante schenkt, hat engelhafte Züge (so hinreißend lächeln schöne Frauen, die uns auf Erden begegnen, leider nicht).

Nach dem Herauskommen aus der Tiefe und einem erlösungsbeflügelten Berggekraxel im *Purgatorio* liefert uns der dritte Teil der *Commedia* zudem eine außerordentliche

Abb. 18: Domenico di Michelino: Portrait Dantes, mit der
Göttlichen Komödie, *1465*

Flugschau. Flüge hinan ins himmlische Gefild waren in vielen Kulturen der Welt an der Tagesordnung (etwa im berühmten persischen Langgedicht *Konferenz der Vögel,* einem hochkarätigen Werk, das sich auf abenteuernd menschliche Weise in der philosophisch-politischen Welt der Vögel tummelt). Man brauchte für solche Volten keine Flugzeuge, man flog auf Teppichen oder – wie im Falle Dantes – einfach durch spontane Lüpfung und eine anhaltend manövrierfähige Erhebung des Leibes. Erst mit der Erfindung technischer Flugapparate kamen die Erzählungen von selbstgesteuerten Leibeserhebungen in der Literatur zum Erliegen. Seither wird zwar in Träumen munter weitergeflogen, und die Science-Fiction-Literatur bedient sich bei solchen Manövern der unwahrscheinlichsten Apparate, aber der einfache und doch so wirkungsvolle Leibflug, über den nicht lange diskutiert werden muss, hat ein jähes Ende genommen.

Dante war bescheiden und unbescheiden zugleich. Er war von ernster Natur, gewiss kein leichtlebiger Fant oder Spaßvogel, und er wusste durchaus, was er mit der *Commedia* geleistet hatte. Den Höflingen, mit denen er es in den Adelshäusern zu tun bekam, in denen er Logis fand, begegnete er als gebildeter Mann, als ein Weltweiser von höherer Warte aus, unterrichtet in Philosophie und Theologie, auch als ein freiheitlicher Geist, dürstend nach Gerechtigkeit, der über die schwierigsten Materien nachdenken kann, um sich selbst und anderen Menschen mit offenen Augen und Ohren und aufnahmebereiten Herzen die Vervollkommnung nahezubringen. In der *Commedia* selbst wird vorsichtig darauf hingearbeitet, dass er sich darüber hinaus eines Tages würde Dichter nennen können, verbunden mit einer glorreichen Rückkehr nach Florenz, von der er wohl ein Leben lang träumte.

Aber er hielt nichts von einer Selbstweihe, solange sein Werk weitgehend unbekannt bleiben musste, und so war er denn nur einer, der Verse schrieb. Zwar durfte er sich den wenigen zurechnen, die an einem Tisch saßen, »wo man das Brot der Engel ißt«,[7] als Dichter wurde man jedoch nur von seinesgleichen und natürlich von einem größeren Publikum anerkannt, dann durfte man den Titel mit Stolz tragen, keinesfalls jedoch, indem man sich den Lorbeerkranz selbst aufs Haupt drückte. Dante war gewiss nicht der heitere Geselle, der sich bei Tisch – Volkssprache her oder hin – einen fröhlichen Plapperlauf gönnte, seine ernste Miene wird so manchem Höfling sauer aufgestoßen sein. Wer sich so stark verpflichtet fühlt, nach der Wahrheit zu suchen, ist kein vergnügter Faselant, der eine gesellige Runde unterhält. Ohne es zu wollen, lässt er seine Tischnachbarn fühlen, dass sie ihm geistig nicht das Wasser reichen können.

Und man frage sich bitte: Was bedeutet es denn, wenn ein Dichter ein so gewaltiges Werk schafft, das sich den verschiedenen Aufbewahrungsorten nach dem Tode widmet, wobei über die stattgehabten Lebensformen unentwegt aufschlussreiche Details zur Sprache kommen, die darüber entschieden haben, ob sich der Tote in der Hölle, im Purgatorium oder im Himmel befindet? Es ist zugleich eine unbedingte Moral- und Gesellschaftslehre, denn die Leser der *Divina Commedia* sollen daraus ihre Schlüsse ziehen. Durch die Lektüre werden sie gewarnt, welche Leiden sie zu erwarten haben, wenn sie Sünden begehen, und welcher Freuden sie teilhaftig werden, wenn sie tapfer versucht haben, ein gottgefälliges Leben zu führen.

Das hat jedoch nichts Fades, denn bei allen Figuren, die in der *Commedia* auftreten, steht deren Individualität im Vordergrund. Stimme, Wortwahl, Gestik, Körperbeschaffenheit, die sie umhüllende Szenerie, in der Dante sie unterbringt, um ihren Haltungen einen zugespitzten Ausdruck zu verleihen, das alles verrät viel über die Charaktere. Damit bietet das Gedicht allerdings auch eine hochkarätige Kriminallektüre, die die Delikte, an denen die Gesellschaft krankt, Punkt für Punkt abarbeitet und dabei für Vergeltung sorgt. »Die Ewigkeit ist für Dante der Ort, wo – in Vorwegnahme des Jüngsten Gerichts – alle verborgenen Hintergründe des zeitgenössischen Geschehens ans Licht kommen, vom ungelösten Kriminalfall über die geheimen Laster herausragender Persönlichkeiten bis zur folgenreichen politischen Intrige. Die Konstellationen und Entwicklungen des Augenblicks, in dem Dante schreibt, werden vor dem Hintergrund einer allgegenwärtigen, bis zu ihren Anfängen zurückverfolgten Geschlechter-, Stadt-, Regional-, Reichs- und Menschheitsgeschichte und mit Blick auf eine sich schon überdeutlich abzeichnende Zukunft eingeordnet und bewertet.«[8]

In ihrem ersten Teil ist die *Commedia* zunächst eine gro-

Abb. 19: Zeichnung der Erde nach Dante

ße Abrechnung, in der sich der unschuldig in die Emigration verstoßene Dante an seinen Widersachern rächt, aber das ist nicht das Wesentliche – er entrollt dabei gekonnt den göttlichen Heilsplan, wobei er mit dichterischer Verve vorgibt, diesen genau zu kennen. Sich in die Spuren berühmter Vorfahren zu schmiegen und dabei auch so ganz nebenbei ein klein wenig erkennen zu geben, dass die Zeit inzwischen fortgeschritten ist und ein kluger Kopf bereits mehr wissen kann als diese, erzeugt eine interessante Mischung aus zurückhaltender Bescheidenheit und hochfliegender Interpretation, insbesondere bei einem Exilanten, der sein Auskommen in verschiedenen Gesellschaften finden muss. Es kann nur zermürbend sein, als einer, der ungleich gebildeter ist als die Umgebung, in die es ihn verschlagen hat, obendrein noch unaufhörlich seinen Dank für die Lebensrettung aus unglücklicher Lage abstatten zu müssen. Das ist zwar keine körperlich zehrende Sklaverei, aber sehr wohl eine prekäre Knechtschaft, die hohe rhetorische und gestische Anpassungsleistungen erfordert, die der Dichter gewiss nur mit einem inneren Knurren auf sich nehmen konnte. Dabei hält sich Dante nicht im abgezirkelten Kosmos der höfischen Courtoisie auf, er ist kein Dichter der heiteren oder verwegenen Amouren, erst recht kein Dichter des Heldenliedes, ganz im Gegenteil, in der *Commedia* wird mit vielen berühmten Herrschern und großen Persönlichkeiten der mythischen und historischen Zeit abgerechnet.

Bitte stellen Sie sich vor: Sie schreiben ein großes Poem

(im Deutschen wohl nicht in Terzinen, sondern eher in Hexametern), in welchem Sie vorgeben, haargenau zu wissen, wie Gott die Ihnen bekannten schweren Sünder bestraft, umgekehrt handeln Sie natürlich auch von Personen, die des Seelenheils teilhaftig werden und der Erlösung bereits nahegekommen sind. Ist das nicht ein klein wenig irre? Claro, claro, wir können uns vermutlich schnell darauf einigen, wie wir Hitler, Goebbels, Göring, Heydrich, Gertrud Scholtz-Klink und alle Kommandanten der Konzentrationslager in die Hölle schicken, wo sie möglichst leibgenau bis in alle Ewigkeit wieder und wieder den Erstickungstod in der Gaskammer erleiden. Ich wäre jedenfalls sofort dafür zu haben, leider sind meine dichterischen Fähigkeiten zu kümmerlich, um ein modernes Straftheater à la Dante wirksam in Szene zu setzen. Ich tät's aber nur zu gern!

Nun, nach diesem kleinen Wutvortrag, wieder zurück zu Dante, der aus seinem Herzen keine Mördergrube machte und recht ausgiebig und würzig hassen konnte, wozu er als ein aus seiner Heimatstadt Vertriebener ja auch reichlich Anlass hatte. Wobei er in der *Commedia* fein säuberlich auflistete, wer seine Widersacher waren und wie Gott dereinst über sie richten würde oder im Falle deren Todes bereits gerichtet hatte, indem er sie auf immer und ewig in die Hölle warf. Dem Hass nicht samt und sonders zu erliegen, indem man sich selbst in einen Haufen Unflat hineinstürzt, ohne den Kopf wieder daraus hervorzubringen, ist jedoch eine ziemlich große Kunst. Und Dante beherrschte sie mit Grandezza. Als Dichter behält er sein lorbeergekröntes

Haupt immer oben, insbesondere die Schrecken der Hölle lassen in puncto Wohlklang der Dichtung mitsamt hinreißenden lautmalerischen Effekten nichts zu wünschen übrig – als da wären: Spitzikatos, rollende, grollende Schreckwörter, Zeilen, die mit eiskaltem Sezierbesteck in Worte gefasst sind, spratzelnde, zischende Heißzeilen, eiskristalline Silben aus dem Gefrierschrank, eine sagenhafte Schmähkanonade gepackt in eine Vielzahl an Teufelsnamen in Canto 21.

Die Teufelsbrut ist beheimatet im fünften Graben, in welchem Betrüger kochen, die sich unter anderem am Staatsgut vergangen haben. Der Gesang ist von hoher Komik. Darin spielt sich eine grausame und zugleich lustige Burleske ab, in einem brodelnden, blubbernden Pechsee, worin etliche Teufel, die nicht gerade mit hoher Intelligenz gesegnet, aber tückisch und mit Enterhaken bewehrt sind (kein einziger von ihnen könnte es mit dem schlauen Widersacher Fausts aufnehmen, den Johann Wolfgang von Goethe so wirkungsvoll in Szene gesetzt hat), die Köpfe der in der zähen Masse gefangenen Sünder zurückstoßen, sobald die entsetzlich Geplagten auftauchen, um Luft zu schöpfen und sich davonzumachen, wobei einer Figur die Flucht tatsächlich gelingt. Die im Pechsee verhafteten Sünder haben im Leben an der Oberwelt alles Reine und Lichtbeglückende gescheut, weil sie ihre Taten im Finsteren verrichtet und ihren Mitmenschen übel mitgespielt haben, indem sie ihre Macht als Staatenlenker und Hirten der katholischen Christenheit missbrauchten. Deshalb sind sie nun in einem rabenschwarzen See gefangen und werden von der finsteren Höllenpolizei, den *Malebranche,* gequält. Dante nennt in den Teufelsszenen nur wenige Namen der biestigen Gesellen: *Calcabrina* (in etwa ein »Frosttreter«), sodann einen koboldartigen Teufel namens *Farfarello,* einen *Firlefanz* und zwei Typen aus Florenz: *Scaldabrina* und *Lanciabrina,* es folgen *Barbariccia,* ein bebarteter Typ, und *Libicocco,* der an einen scharfen Wind aus Lybien erinnert, sowie *Billicozzo* und *Biccicocco.*

Wenn man mit Blick auf diesen Canto die Vielzahl der deutschen Übersetzungen der *Commedia* durchkämmt und sich eine Liste der darin enthaltenen Teufelsnamen veranschaulicht, enthält man eine spektakuläre Namensliste, eine sehr, wirklich sehr witzige Aufzählung. Die üblen Kerle heißen da: Sausfleder, Sauborst, Sträubebart, Brandelzorn, Ruppelbart, Scharlachmohr, Krausebart, Nebelstampfer, Drachennaser, Geilkocher, Hauerschnauz, Stachelschwanz, Schwinghupf, Streitpütz, Karfunkelpolt, Lustgockel, Sudelbart, Raufefankel, Fröstetretel, Schreckschweif, Schweinsborst, Schweinehauer, Reckelschnauzer, Trittenzott, Fletschkoller, Feuerfax, Eistreter, Eistrampler, Drachentroller und Drachenfratz, Katzkraller, Bückeschnurbs (ein besonders schmückender Name, man weiß beim besten Willen nicht, wie Diavolo Bückeschnurbs aussehen mag), Schlappflügler, Flederflatterer, Krummenflaug (auch interessant, fliegt der Kerl krumm oder flau oder beides; oder schielt er auf einem Auge?), sodann Knickfittich, Flatterpelz, Zagelschratt (ein zagender Schrottratterich?), Raffelspitz, Grusehund, Firlefanz (eindeutig ein Teufel für Kinder), Hundekraller und Hundekratz, Schnauzenköter, Grimmetatz und Übeltatz, Irrenwesch, Sauhauer, Speikatz, Sausefeck, Strubbelkopp, Schurkenkraller, Hatzsporn, Grauseschwanz und last but not least: Tückeschwanz!

Da feiern die Übersetzer ein lustiges Fest, in der Originalsprache klingen die Namen vergleichsweise fad, das Deutsche hat hier den Vorzug, neue Wörter durch Zusammensetzung von Substantiven und Adjektiven erfinden zu können, was im Falle der bösen Burschen einen kraftvollen Namensschlag erzeugt.

Verachtenswert jedoch ist die modische Macke, von den großen Dichtungen der Weltliteratur Prosaübersetzungen anzufertigen. Eine wahre Pest! Das klingt nicht, das ist flügellahm, noch der großartigste Text wirkt so gewöhnlich, dass jemand, der der Originalsprache nicht mächtig ist, überhaupt nicht begreifen kann, weshalb es sich um erstklassige Literatur handeln soll. Ich nenne jetzt höflicherweise keine Namen, die sich auf so ordinäre Weise an diesen Werken vergangen haben. Oft wird mit großem Wortgeklingel begründet, weshalb eine Prosaübersetzung den Originaltext weniger verfälsche. Natürlich muss eine Nachdichtung freiere Wege gehen, weil die Reimmöglichkeiten in den verschiedenen Sprachen nun mal sehr verschieden sind. Aber ein begabter Übersetzer kann ein fremdes Werk in der eigenen Sprache erblühen lassen. Es lebt dann richtig auf und setzt neue Assoziationen frei, die es bei den Hörern und Lesern des Originals vielleicht so nicht hatte. Und gerade

*Abb. 20: Luzifer quält die drei Verräter Judas, Brutus und Cassius,
14. Jahrhundert*

solche Bedeutungsverschiebungen sind reizvoll und führen dazu, dass aus einem hinreißenden Stück Nationalliteratur Weltliteratur werden kann.

Vielleicht kann man das ungeheuerliche Großgedicht Dantes sogar als einen verzweifelten Versuch werten, die Bedeutung der Heilsgeschichte wieder nachdrücklich in den Köpfen seiner Leser zu verankern. Damit schmaust dieses hinreißende Poem an der göttlichen Vorsehung, und wer Augen hat zu lesen und ein Herz zu fühlen, der soll nach dem Wunsch des Dichters in einem von der Lektüre gewährten Gnadenakt gestärkt daraus hervorgehen. Also wohlan, seien Sie ein Lesefex und knabbern Sie an den innigen Lektürebröseln, die direkt vom Himmelreich auf Sie herabfallen, selbst wenn sie von der Hölle handeln!

Damit sind wir noch einmal in der ersten Abteilung der *Commedia*, dem *Inferno*, gelandet, dem bis heute am ausgiebigsten kommentierten und in modernen Fassungen immer wieder neu interpretierten Teil des Werks. Offenkundig reizt der Sadismus die Gemüter mehr als Schönheit, Anmut, Leichtigkeit und Gutherzigkeit. Die Qualen der Sünder finden kein Ende, jedenfalls kein erkennbares. Vielleicht werden sie ein Ende finden, wenn Äonen an Zeit verflossen sind, aber ob sie dann des Gnadenschatzes teilhaftig werden können, der den im Purgatorium befindlichen, will heißen, den erlösungsfähigen, minder bösen Seelen als Verheißung zugesprochen ist, das dürfte mehr als fraglich, eigentlich ausgeschlossen sein. Ausgeschlossen ist es wohl sicher für Luzifer, in dessen Gesicht drei Mäuler eingeschnit ten sind, worin dessen höllische Verunglimpfung der Trinität sichtbar wird. Und in den Mäulern stecken drei Erzverräter, unaufhörlich vom schauerlichen Mahlwerk der Zähne Luzifers gepeinigt – natürlich Judas, der mit dem Kopf drinsteckt und mit den Beinen zappelt, aber auch Brutus und Cassius, die Verschwörer gegen Cäsar, die kopfabwärts daraus hervorhängen. Hierzu ein Zitat aus Karlheinz Stierles Buch über Dante Alighieri: »In der vierten und letzten Zone des neunten Höllenkreises, im 34. und letzten Gesang des *Inferno*, umgibt Dante die tödliche Stille der auf ewig gefrorenen Sprache. Hier, wo Dantes Sprache selbst verstummt, büßen auf ewig jene, die sich als Verräter gegen ihren Wohltäter vergingen. Es ist das Reich Luzifers, des gefallenen Engels [...], des Herrschers über das Schmerzensreich. Er hat drei Gesichter und unter jedem zwei Flügel, deren Wind den Kokytos vereist. Jedes der drei Häupter hat ein Maul, aus dem die drei Erzverräter, Judas Ischariot, Brutus und Cassius, die Mörder Caesars, hängen und unablässig in der tödlichen Stille des ewigen Eises zermalmt werden.«[9]

Ganz, ganz tief im Erdzentrum hockt Luzifer im Eissee fest. Die Entfernung zu Gott ist damit nach damaligem kosmologischem Verständnis maximal. Der selige Zustand ist beschwingt und wird von Leichtigkeit getragen. Die Seligkeit strebt nach oben ins Luftige, Leichte, Bewegliche. Das Böse wird von der Schwerkraft hinabgezogen bis zum Erdmittelpunkt; an der unten eingebohrten Spitze des teuflischen Jenseitsreiches steckt der Widersacher Gottes fest. Kein Entkommen für ihn, kein Entkommen für seine willigen Adepten, die in den nach unten zu immer enger werdenden neun Kreisen der Hölle gefangen sind. Alles ist verkehrt herum. Der Scheitelpunkt der Hölle liegt unter der Gottesstadt Jerusalem. Das Böse strebt in neun Kreisen dem Erdinneren zu und bleibt dort in der Tiefe gefangen, das Gute, die erlöste Seligkeit strebt ins himmlische Glanzgebild nach oben in die luftige, bewegliche Freiheit. Die strafende Unterwelt ist einer strengen Ordnung unterworfen, aus der es kein Entkommen gibt. Die beseligende Himmelswelt kennt zwar auch ordnende Prinzipien, da oben herrscht kein Tohuwabohu, aber durch die freie Beweglichkeit, etwa die der Engel, die den neun Ordnungen des Primum Mobile zugeteilt sind, ergibt sich eine glücks- und glanzgetragene Schwirrnis, die von einem Menschen, der noch lebt (will heißen vom Jenseitspilger Dante), zwar in Umrissen erschaut, aber nicht bis ins Letzte hinein verstanden werden kann.

Kommen wir noch einmal auf die Zahl Drei zurück, die in der *Commedia* so bestimmend ist. Nicht nur der Dreiklang der Terzinen und die drei Teile sind damit verbunden, auch die angebetete Beatrice ist es. Dante begegnet ihr zum ersten Mal, da ist er gerade drei mal drei, also neun Jahre alt. Das liebliche Geschöpf bezaubert ihn und bereitet in ihm als Ahnung das erst später ausgebildete Wissen vor, dass sie die Seelenführerin sein wird, die ihn der ewigen Verdammnis entreißt, indem sie ihm den Gnadenschatz eines höheren Wissens zuteilwerden lässt. Liebe, die nach Erlösung strebt, ist eine wissende Liebe, die sich von den Begierden nicht unterjochen lässt. Olof Lagercrantz schreibt

Abb. 21: Beatrice führt Dante durchs Paradies, 14. Jahrhundert

hierzu: Wenn sie an der Stelle Vergils nun seine Reiseführe-
rin ist, »… so kann man sie nicht länger Frau nennen, so ist
die buchstäbliche Bedeutungsebene gesunken, auch wenn
sie nie ganz verschwindet. Im ganzen Paradiesteil, der ja
mehr als die anderen Teile der Komödie Beatrice gehören
sollte, weil sie dort in beinahe allen Gesängen eine Haupt-
rolle spielt, ist sie tatsächlich nur ein Spiegel, der das Licht
zurückwirft, ein Zeichen ohne irdische Persönlichkeit, das
über sich selbst hinausweist.«[10]

Beatrice hat Dante zu dieser bemerkenswerten Reise ver-
anlasst und dafür gesorgt, dass er zunächst Bekanntschaft
mit der Hölle schließen muss, worin sich alle Stationen zu
einem drohenden Mahnmal erheben, das vornehmlich dem
Zwecke der Sündenerkenntnis dient, damit Dante das eigene verbliebene Leben zu retten vermag, indem er sich selbst
vor der Verführung zur Sünde fortan hütet und den Weg aus
Not und Verwirrung findet. »Ohne daß man zugibt, daß alles dem großen Ziel untergeordnet werden muß, kann die
Wanderung zum Glück, welches die Kontemplation und die
Mystik im eigentlichen Paradies ist, niemals durchgeführt
werden. Alles andere, Frauen, sinnliche Genüsse, politische
Ambitionen, das Heimweh nach der Vaterstadt, nach Gattin,
Kindern, Kameraden, muß zur Seite geschoben werden, muß
nicht nur in der Theorie und mit dem Mund, sondern auch
im Herzen und in Fleisch und Blut der Handlung als ledig-
lich le presenti cose, die gegenwärtigen Dinge, erkannt werden, die keinen wirklichen Wert besitzen. Es muß deshalb
keine besondere Sünde sein, die Dante gegenüber Beatrice

bekennt. Es gilt hier die Ausrichtung der ganzen Persönlichkeit auf eine lebensentscheidende Sache. Die Begegnung bezeichnet die eigentliche Geburtsstunde des Dichters Dante Alighieri. Der Fehler, den Dante erkennt, besteht darin, daß er nicht die Art von Beatrices Lächeln verstanden hat, daß er nicht verstanden hat, daß sie für ihn Christus war. Nun läßt sie auf die Aufforderung der Engel hin ihren Schleier fallen, und er sieht, wer sie ist.«[11]

Es geht überaus geordnet zu in der *Commedia*, nicht nur aufgrund der strikten Zahlenmystik ihres dreiteiligen Aufbaus. Unerbittlich schreitet das Poem im Dreischritt der Terzinen voran und klopft damit zugleich ein wenig an die Pforte des Himmels, denn hoch oben, im sternenbesäten Dach des Äthers, waltet an der Spitze der Seinspyramide die lächelnde Dreifaltigkeit, gebildet aus Vater, Sohn und Heiligem Geist, dem großen zusammenhängenden Mysterium. Die göttliche Trinität singt und bezeugt unablässig das Lied von der allerhöchsten Wahrheit, und darin ist ein ganzer Kosmos eingefangen, anhand dessen die Vorstellungen über die damalige europäische Welt und deren Kenntnisse aufgegriffen und von Dante poetisch erläutert werden. Bezeugt und geadelt sind die profanen Vorkommnisse im *Paradiso*, ausgehend von der Schwirrnis des göttlich durchblendeten Himmelsgewölks, welches die Erscheinung Gottes verbirgt.

In Bezug auf die drei Etappen, die Dante bei seiner Pilgerschaft erkundet, schreibt Romano Guardini: »Was die Göttliche Komödie zu ihrer mächtigsten Einheit zusammenschließt, ist einmal ihre künstlerische, pragmatische, philosophische Struktur, die Macht der führenden Gestalten, die Identität der sie durchziehenden Affekte usw. Das Letzte aber kommt aus der überall durchdringenden visionären Lebendigkeit. Diese ist es auch, die immer wieder über die mit Absicht offen gelassenen Brüche hinwegführt. Wie ist zum Beispiel Dante überhaupt in den Wald gekommen? Wie kommt er aus dem Walde vor das Höllentor? Er ist auf einmal da, so, wie man in der Vision auf einmal irgendwo ist. Und dennoch bedeutet die Plötzlichkeit kein Zerreißen, sondern in der scheinbaren Unlogik des Nebeneinander ist das Ganze präsent. Auch wenn er im Purgatorio auf einer Terrasse einschläft und auf einer anderen aufwacht, oder wenn er im Paradiso von Sphäre zu Sphäre entrückt wird, scheinen leere Stellen zu entstehen; in Wahrheit findet der Leser den Sprung in Ordnung, weil er ohne besondere Reflexion die visionäre Logik empfindet, welche scheinbar abrupt Eines neben das Andere stellt, in Wahrheit aber eben darin Identität offenbart.«[12]

Aber noch ein letztes Mal zurück zur Hölle. Sie wurde immer wieder in Schriften und Bildern eindrücklich ausgemalt und gezeichnet, zumal sie die stärkste Verbindung mit dem Feuer hält, in dem die Sünder geröstet werden. Die Feuergefahr war in den mittelalterlichen Städten ja immens, wenn ein Feuer quicklebendig übersprang, konnten komplette Stadtviertel in Schutt und Asche liegen. Auch auf den europäischen Theaterbühnen des 16. bis 18. Jahrhunderts gab es beeindruckende und manchmal auch gefährliche Feuereffekte, ein beeindruckender Grusel für das Publikum. Etliche Verbrennungszeichen an den geplagten Sündern findet man deshalb auch in der *Commedia*, allerdings nicht so extrem, dass nun die zagen Stimmchen der Sünder aus einem zusammengesunkenen Häuflein Asche emanierten. Umso erstaunlicher ist, dass es am Tiefpunkt der Hölle, wo Satan zuhause ist, gar nicht brennt, sondern dort eine Kälte vorherrscht, die alles versteinern lässt. In einem eisigen Grund steckt Satan fest als eine Riesenfigur, weit übermenschengroß, wobei das ihn festhaltende Eis garantiert, dass er die komplette Herrschaft über Erde, Himmel und dessen Sterne und Planeten nicht übernehmen kann.

Mit der Hölle will dieser Text jedoch nicht enden. Noch haben wir keine Zeile aus dem *Paradiso* zitiert. Das soll jetzt nachgeholt werden, und zwar mit Hilfe der Beschreibung schöner Seelen, die sich von den Kalamitäten des Inferno und Purgatorio befreit haben oder ihnen nie ausgesetzt waren, um sich im Luftigen zu einer schönen und befreiten Gemeinschaft zusammenzuscharen. Es sind gewissermaßen geheiligte Seelen, die sich mit kindlicher Unschuld oder ernsthaft bereuten Sünden der Gnade Gottes freudig überantworten. Wie eng das große Gedicht mit Gott selbst verbunden sein soll, führt Olof Lagercrantz auf:

»Dante schrieb die Komödie nach dem höchsten aller Vorbilder – Gott selbst. Von Gott nahmen Dante und seine Zeit unter anderem folgendes an: Gott hat die Welt im Geiste vollkommener Liebe erschaffen. Die Schöpfung mit Erde, Bäumen, Tieren und Menschen und die Geschichte mit Feldschlachten, Kaisermord, Aufstieg und Fall mächtiger Reiche sind auf eine einfache und eindeutige Weise da und können von Sinnen und Vernunft erfaßt werden. Aber nichts in der Welt existiert allein um seiner selbst willen. Jedes Ding und jedes Ereignis ist auch Zeichen und hat einen Sinn über sich hinaus. Die Schöpfung und die Geschichte sind ein von Gottes Fingern geschriebenes Buch. Der Einsichtsvolle liest auf den gewaltigen Seiten und sieht in allem Gottes Absicht.«[13]

Natürlich wird im Paradiso die wiedergefundene Beatrice, die ohnehin von Beginn an eine der Urheberinnen der gesamten Reise Dantes ist, zur leitenden Figur, die auf wichtige Bilder zeigt, die Dante hier oben am Firmament zu sehen bekommt. Ihre Erläuterungen sind jedoch bisweilen alles andere als lieblich, gerade im 27. Gesang (129) spricht sie von der Verderbtheit des Menschen, die sich schon regt, »[e]h noch mit Flaum die Wange sich bedeckt« (Hermann A. Prietze).

Trotz dieser Skepsis geht es sehr beschwingt im Paradiso zu. Kuriose und zugleich sehr schöne, duftige, glanzgepunktete Bilder veranschaulichen die erhabene Seinsweise der Leichtigkeit, glücksdurchflossene Leuchterscheinungen künden von einem neuen Adel des Geistes, der sich an den wunderbar leichten Bewegungen derer, die sich hier tummeln, ablesen lässt. Und überall Licht! Licht! Licht! Aber kein schmerzend gleißnerisches Zerstörungslicht, sondern ein sanft strahlendes, das aus verschiedenen Körperchen emaniert, etwa aus den seligen weiblichen Gestalten, die wie ein Perlenbesatz auf dem Mond erscheinen. Überhaupt vollzieht sich das Sich-Zusammenscharen der seligen Luftkörper – etwa im Dunstkreis der Merkursphäre – in eleganten, tänzerisch anmutenden Bewegungen, als würden die Seelen wie Fischlein auf ein Gnadenfutter zuschwimmen. Man kann sich die Bewegtheit in etwa wie einen Schwarm Zuckmücken vorstellen, der in verschiedenen Flugformationen unterwegs ist, mal zusammengeballt, mal auseinandergezogen, als gehorchten die Seelenpünktchen dem Rhythmus eines Tanzes, dessen Bewegtheit einem höheren, nicht ganz durchschaubaren Ordnungsprinzip folgt. Freiheitlich durchdrungen und erleuchtet von der Weisheit Gottes schwingen die empfindsamen Wesenheiten verzückt durch den Kosmos. Ihre Bewegung trägt jedoch keinerlei Züge der Besessenheit, im Gegenteil, gerade der dritte Teil der *Commedia* ist von der dichterischen Plausibilität durchdrungen, zumal Dante hier zu zeigen versucht, wie sehr der Himmel von der göttlichen Ratio erleuchtet und durchzogen ist. »Die Leuchtseelen schweben im Raum wie die Staubteilchen, auf die plötzlich ein Lichtstrahl fällt und sie sichtbar macht. Erneut ist dies ein Beispiel für Dantes große Kunst, das Unscheinbarste zum sinnreichen Bild für das Größte zu machen. Wie Geige oder Harfe aus vielen Saiten einen schönen Zusammenklang erzeugen […], so ist Dante von der Melodie überwältigt, die von den zum Kreuz vereinten Lichtseelen ausgeht. Die Intensität dieser Erfahrung ist transmedial, daher kann sie sich in immer wechselnden Medien manifestieren. Mit jeder neuen Himmelssphäre wird die Selbstmanifestation des Paradiso intensiver, so dass sie Dantes Fassungsvermögen übersteigen müsste, wenn nicht auch dieses selbst sich steigern würde.«[14]

Die Ratio strahlt gleichsam vom göttlichen Ruhepunkt inmitten der ihn umgebenden Schwirrnis der Engel aus. Mit einem wonnigen Glanz auf ihrem Antlitz erläutert Beatrice dem erstaunten Pilger Dante, wie dieser umschwirrte Ruhepunkt beschaffen ist (*Das Paradies*, 27. Gesang, 106-114):

Freiherr von Falkenhausen:

>Das Weben dieser Welt, das ewiglich
>>Ruhn heißt die Mitte, alles rings sich regen,
>>Allhier, an seiner Mark entspinnt es sich.
>Dies Rund kann Gottes Geist allein umhegen,
>>An dem sich Kraft entzündet, die's bewegt,
>>Und Liebe, die es ausstrahlt allerwegen.
>Ein Ring von Licht und Liebe ihn umhegt
>>Wie er die andren, und der ihn umringet
>>Gehorcht nur dem, der ihn ums All gelegt.
>Sein Umschwung wird von keinem sonst beschwinget:
>>Nach ihm bemißt ihn jedes andre Rund,
>>Wie Zehn durch Halb- und Fünftteil wird bedinget;
>Und wie die Wurzeln senkt in diesen Grund
>>Die Zeit, in jene ihr Gezweig zu strecken,
>>Das, mein' ich, wird dir jetzo selber kund.

Abb. 22: Gustave Doré: Die leuchtenden Seelen singen, 1885

Hermann A. Prietze:
    Das Weltgesetz, wonach die Mitte ruht
        Und alles andre sich im Kreis bewegt,
        Hier ist der Ort, wo es den Ursprung hat.
    In diesem Himmel ist kein ander Wo
        Als Gottes Geist, aus dem der Wille stammt,
        Der ihn bewegt und ihn mit Kraft erfüllt.
    Ihn fassen ringsum Licht und Liebe ein,
        Wie er die andern faßt, doch wie dies sei,
        Das weiß allein, der diesen Gürtel schuf.
    Sein Kreisen wird von außen nicht gemessen,
        Doch ist er Maß für alles, was da kreist,
        Wie sich die Zehn aus Zwei und Fünf ergibt.
    Daß hier der Baum der Zeit die Wurzeln hat
        Und seine Zweige in den andern Welten,
        Wird deutlich dir vor deinen Augen stehn.

Jetzt sticht mich doch der Hafer, Sie noch einmal mit der Übertragung Rudolf Borchardts bekannt zu machen. Dieselbe Passage lautet bei ihm mehr als nur ein bisschen verwegen:

Rudolf Borchardt:
    Der welt natûre, so befestiget eine
        ihr mitten, drum sich allsamt d'anderen ´wegent,
        hebt hinnen an als wärs von markensteine.
    Und dieser himmel hat nicht ander gegend
        denn nur den göttlich geist, drin wird entzunden

Abb. 23: Dantes Vision des Himmels, 15. Jahrhundert

Minne, ihn erwälzend, – kräfte so er regenet.
Minne um ihn greift und Licht in oberer runden,
als er die andern inbegreift, und frieden
des letzten heget Ein der ohne sunden.
Ihm dingt den gang kein oben weder nieden,
doch sind die andern allsamt sein nacherben,
als zehn in zwei bricht und in fünfe ist schieden.
Und wie die zeit behabe in diesem scherben
die wurzeln, und ergrüne dran ins offen,
allgmach hasts mögen kunde dir erwerben. –

Nun, Sie werden vielleicht jetzt nicht gleich ins Offene hinein ergrünt sein, um sich Kunde zu erwerben, wiewohl
ich mir diesen Zustand recht possierlich denke, womöglich
mopsen Sie sich ein wenig ob der hochstilisierten Sprache,
die, ohne es zu wollen, das Kasprige als Beifang im Gepäck
führt. Außerordentlich hochmögend geht es für Dante im
erhabenen Gefild des Paradiso allerdings zu, eine zu sehr
am Boden klebende Alltagssprache wäre hier völlig unangebracht. Es ist dem Dichter sogar vergönnt, bis an den Rand
des Empyreums zu geraten. Was es mit diesem, allem erdgebunden Menschlichen enthobenen Ort auf sich hat, erklärt
Romano Guardini sehr treffend: »Dante ist im Empyreum
angelangt. Astronomisch bedeutet es den Raum um die äu
ßerste Sphäre; den Weltraum um die als begrenzter Kosmos
gedachte Welt. Dieser Raum ist aber nicht leer, sondern
reine Mächtigkeit. Und nicht mehr Bereich für Dinge, sondern Ort Gottes. Das Empyreum ist die schlechthinnige

Transzendenz, und insofern überhaupt nicht mehr Raum. Es ist ›das unzugängliche Licht, in dem Gott wohnt‹ – zugleich aber auch das Licht der Seligkeit, in das er die Seinen aufnimmt. Das Empyreum ist wesender Wert, Sein und Akt …«[15]

Leider hat Franz Liszt, als er zwischen 1855 und 1856 seine Symphonie zur *Commedia* komponierte, wohl nicht die rechten schwebend jauchzenden Töne für das *Paradiso* gefunden, so blieb es bei zwei Sätzen, die dem *Inferno* und dem *Purgatorio* gewidmet sind, wobei der Chor aus Frauen- und Knabenstimmen besteht. Die ersten achtzehn Takte des Werks verhalten sich metrisch exakt zu den Versen Dantes. Die Symphonie wurde 1857 uraufgeführt. Eine beschwingte Komposition zum *Paradiso* wäre sicher eine Herausforderung, aber die reine Schönheit in Töne zu setzen vermutlich leichter und eingängiger, als es Schrift und Bild vermögen.

Dantes *Commedia* endet nicht einfach so im Sinne eines So-lala-haften Ausschleichens. Es geschieht sehr viel im dritten Teil. Mit gebündelter Energie, gewonnen aus den drei Etappen der Reise, hebt das Gedicht zur Vollendung an. Die sich hochgradig entzündende Liebe, mündend in eine friedliche und zugleich beseligende Hoffnung, das Gute, das Schöne und das Wahre, sie stecken ihre Fähnchen auf. Dantes Sehkraft ist enorm gesteigert und seine Anschauung in neues, erhebendes Licht getaucht, das die Gestalten und Phänomene gleichsam durchsichtig werden lässt.

Es ist ein bisschen so, als hätte das intakt gebliebene Paradies, nunmehr endlich frei von Verboten, all seine herrlichen Äpfel ausgefolgt, in denen die im Absoluten glänzenden, wesentlichen Wissensschätze geborgen sind. Nur geschieht es nicht mehr in einem Garten, sondern am bewegten Himmel mit seinen Gestirnen, die gleichsam die Vorratskammern des göttlichen Wissens bergen. Die funkensprühende Sonne wird aus nächster Nähe erschaut, ohne die Augen zu verletzen; von hoher Warte aus gibt Beatrice weise Ratschläge und enthüllt so manches Geheimnis, wovon vieles zwar verweht, doch im Herzen des Wanderers geborgen bleibt. Eine gütige Barmherzigkeit strahlt aus Maria, die im dritten Teil der *Commedia* vom heiligen Bernhard von Clairvaux angerufen wird. Alle Schroffheiten des Lebens lindert sie, der Sterblichkeit wird durch ihre Fürsprache der Stachel gezogen, und der Blick des Pilgers wendet sich dabei von der christlichen Ekstase gelenkt immer weiter nach oben, um die letzten Herrlichkeiten zu schauen, womit zugleich das Ende der Reise eingeleitet wird.

Hermann A. Prietze:

> Und ich, der nun dem Ziele meiner Wünsche
> Ganz nahe war, ich tat, wie mir geziemte,
> Und löschte meiner Sehnsucht heiße Glut.
> Bernhardus aber winkte mir mit Lächeln,
> Daß meine Augen ich nach oben wende.
> Ich hatt' es schon getan aus eignem Trieb.
> Und meine Augen, die stets klarer wurden,
> Sie drangen tief und tiefer in die Strahlen

Abb. 24: Dantes Göttliche Komödie, *15. Jahrhundert*

Des hohen Lichtes, das die Wahrheit ist.
Von hier ab überstieg, was ich gesehn,
All das, was man mit Worten sagen kann,
Und das Gedächtnis weicht dem Ungemeinen.
Mir geht's wie dem, der etwas sah im Traum
Und sich danach des Eindrucks nur entsinnt,
Weil deß der Traum ihm selbst entschwunden ist.
Es schwand, was ich gesehn, fast ganz dahin,
Und nur die Süße, die daraus entquoll,
Steigt mir auch heute noch im Herzen auf.
So schmilzt der Schnee im Sonnenstrahl dahin,
So hat der Wind die Sprüche der Sibylle,
Die sie auf leichte Blätter schrieb, verweht.

(*Das Paradies*, 33. Gesang, 46-66)

Der Eindruck des Geschauten ist am Ende stark, Gott ist in der Lichtschau verhüllt und anwesend zugleich, umfängliche Erörterungen dürfen nun nicht mehr folgen. Im gesamten Schlusskapitel ist der Glaube gestärkt, nun wird die vermittelnde Gnade Marias angerufen. Süße, herzbewegende Worte, die dem unschuldigen Kinderlallen gleichen, treiben die Verse voran. Dennoch – trotz der sich erhebenden Turbulenzen muss alles zum Abschluss kommen. Das Neue der Erscheinung verstellt nicht nur die weitere Folgerichtigkeit der Erkenntnis, der Geist wird zudem von Blitzen so erhellt, dass sie ins Gemüt schlagen und die Phantasie schwindet. Was west, ist geborgen im Aufgang und Untergang der Sonne, in dem Erscheinen und Verlöschen der Sterne und den Regenbogenstreifen als Glücksversprechen der Trinität. Eine vollkommene Bewegung kreist um den im Verborgenen anwesenden Gott. Den Trieben gelten späte Worte, die weiter im Gemüt schwingen und sich nach der Liebe sehnen, doch alles, was noch an den Aufruhr des Herzens erinnert haben mag, wird nun in Vollendung zur Ruhe gebettet.

Zum Schluss eine äußerst geglückte Zusammenfassung der drei Teile der *Commedia*, die ich dem hinreißenden Buch von Karlheinz Stierle entnehme: »Im Inferno herrschte das unerbittliche Gesetz der kommunikationslosen Vereinzelung und der ewigen Durcharbeitung des verwirkten Seelenheils. Das Purgatorio stand im Zeichen kommunikativen Austauschs und wechselseitiger Fürsorge und so des langsamen Prozesses der Vergemeinschaftung. Dagegen ist das Paradiso die vollendete Gemeinschaft der Heiligen in einer absoluten, kommunikativen Transparenz. Die Seelen sind sie selbst und zugleich Teil einer göttlichen Ordnung, in der es keine Vorbehalte mehr gibt. [...] In die stillgelegte Zeit der göttlichen Glückseligkeit trägt Dante seine eigene Insel der irdischen Zeit hinein. [...] Die *Commedia* endet nicht mit dem höchsten Augenblick, in dem Dante das Antlitz Gottes selbst zu erschauen glaubt, sondern mit dem Sturz aus der Welt des Paradieses in die Welt, in der die *infamia* des Exils nach der Selbstbehauptung des Dichters in seiner *fama* verlangt.«[16]

1   Romano Guardini, *Dantes Göttliche Komödie. Ihre philosophischen und religiösen Grundgedanken*, Grünewald / Schöningh, Mainz und Paderborn 1998, S. 91.

2   Bruno Binggeli, *Primum Mobile, Dantes Jenseitsreise und die moderne Kosmologie*, Ammann Verlag & Co., Zürich 2006, S. 25.

3   Erich Auerbach, *Dante als Dichter der irdischen Welt*, de Gruyter, Berlin / New York 2002, S. 174 f.

4   Auerbach, *Dante als Dichter der irdischen Welt*, S. 139 f.

5   Binggeli, *Primum Mobile*, S. 93.

6   Maurer, *Warum Dante die Göttliche Komödie geschrieben hat*, in: *Il novo giorno* 2018. Mitteilungsblatt der Deutschen Dante-Gesellschaft, S. 38.

7   Dante Alighieri: *Das Gastmahl*, aus dem Italienischen von Constantin Sauter, Winkler-Verlag, München 1965, S. 12.

8   Maurer, *Warum Dante die Göttliche Komödie geschrieben hat*, S. 47.

9   Karlheinz Stierle, *Dante Alighieri, Dichter im Exil, Dichter der Welt*, C.H. Beck, München 2014, S. 88.

10 Olof Lagercrantz, *Dante und die Göttliche Komödie*, Insel Verlag, Frankfurt am Main 1997, S. 225.

11 Lagercrantz, *Dante und die Göttliche Komödie*, S. 230 f.

12 Guardini, *Dantes Göttliche Komödie*, S. 93.

13 Lagercrantz, *Dante und die Göttliche Komödie*, S. 126 f.

14 Stierle, *Dante Alighieri*, S. 161.

15 Romano Guardini, *Der Engel in Dantes Göttlicher Komödie*, Dante-Studien, Erster Band, Kösel-Verlag, München 1951, S. 103 f.

16 Stierle, *Dante Alighieri*, S. 139 f.

Bildnachweis

Biblioteca Apostolica Vaticana, Vatikan: Abb. 13 (Codex Urb.)

bpk, Berlin: 9 (Kupferstichkabinett, SMB/Philipp Allard)

Bridgeman Images, Berlin: 6; 10, 22 (Stefano Bianchetti); 8 (Musée d'Orsay, Paris); 12 (National Gallery of Victoria, Melbourne/Felton Bequest); 2, 18 (Luisa Ricciarini)

Christianeum Gymnasium, Hamburg: 20 (Codex Altonensis)

Scala, Florenz: 11 (Biblioteca Imola/A. Dagli Orti); 4, 5 (Biblioteca Laurenziana/DeAgostini Picture Library); 19, 24 (Biblioteca Nazionale Centrale/mit freundlicher Genehmigung des Ministero Beni e Att. Culturali e del Turismo); 21 (Biblioteca Marciana/DeAgostini Picture Library); 3 (Vatikanische Bibliothek/Heritage Images); 23 (Vatikanische Bibliothek/Heritage Images/Photo Art Media)

Markus Vallazza: 7 (mit freundlicher Genehmigung von Alma Vallazza)

Die Abb. 14-17 zeigen eigene Werke der Autorin aus der Dante-Werkstatt zu ihrem Roman *Das Pfingstwunder*, 2016 (Deutsches Literaturarchiv Marbach/Chris Korner).

Alle weiteren Abbildungen stammen aus dem Archiv des Insel Verlags.

2. Auflage 2022 © Insel Verlag Anton Kippenberg GmbH & Co. KG, Berlin, 2021. Alle Rechte vorbehalten. Wir behalten uns auch eine Nutzung des Werks für Text und Data Mining im Sinne von § 44b UrhG vor. Bezugspapier: Dirk Lange, Gorsleben. Gesetzt in der Schrift Stempel Garamond. Gedruckt auf holzfreies, alterungsbeständiges Werkdruckpapier der Firma Cordier, Bad Dürkheim, von der Memminger MedienCentrum AG, Memmingen. Gebunden in Fadenheftung von der Josef Spinner Großbuchbinderei GmbH, Ottersweier. Dieses Buch wurde klimaneutral produziert: climatepartner.com/14438-2110-1001. Printed in Germany. Erste Auflage 2021. ISBN 978-3-458-19503-0. www.insel-verlag.de